科学出版社"十四五"普通高等教育本科规划教材

中国科学技术大学本科生教材出版专项经费支持

数据分析
与商务决策

李勇军／主　编

王力争／副主编

科学出版社

北　京

内 容 简 介

《数据分析与商务决策》是一本全面介绍数据分析在商业决策中应用的实用性著作。本书从数据分析的基本概念和方法入手，系统地阐述了数据采集、清洗、分析、建模等关键步骤，并结合大量真实案例，展示了如何利用数据分析技术支持各类商业决策。本书注重理论与实践相结合，既有扎实的学术理论支撑，又大量引用了成功的商业案例，力求为广大管理者和数据分析从业者提供一份全面、实用的参考读物。通过学习本书，读者不仅能够掌握数据分析的基本方法，更能够运用数据驱动的思维模式，做出更加科学、高效的商业决策。

本书适合那些希望深入了解数据驱动商业决策的专业人士和学习者阅读。本书将为您提供宝贵的见解和实用的工具，帮助您更好地利用数据来指导您的业务决策。本书将为您打开数据分析和商务决策的大门，让您在日常工作中获得更多的洞察和成功的机会。

图书在版编目（CIP）数据

数据分析与商务决策 / 李勇军主编. —— 北京：科学出版社，2025. 6. ——
（科学出版社"十四五"普通高等教育本科规划教材）. —— ISBN 978-7-03
-080126-5

Ⅰ. F713. 365. 2

中国国家版本馆 CIP 数据核字第 2024JM3972 号

责任编辑：方小丽 / 责任校对：王晓茜

责任印制：张 伟 / 封面设计：有道设计

科 学 出 版 社 出版

北京东黄城根北街 16 号
邮政编码：100717
http://www.sciencep.com

北京市金木堂数码科技有限公司印刷
科学出版社发行 各地新华书店经销
*
2025 年 6 月第 一 版 开本：787×1092 1/16
2025 年 6 月第一次印刷 印张：8 3/4
字数：207 000
定价：48.00 元
（如有印装质量问题，我社负责调换）

前　言

党的二十大报告指出，教育、科技、人才是全面建设社会主义现代化国家的基础性、战略性支撑①。作为新时代的教育工作者，我们有责任、有义务继承习近平总书记的伟大思想，引导广大师生深入学习领会，切实把思想转化为工作动力和实际行动。

在当今瞬息万变的商业环境中，企业必须做出快速而明智的决策，以保持竞争优势并实现长期发展。然而，仅凭直觉和经验是远远不够的。企业需要依靠数据分析来支撑其决策，这已成为当今商业成功的关键所在。

数据分析为企业提供了宝贵的洞见，帮助管理层深入了解客户需求、市场趋势和内部运营效率。通过挖掘和分析大量的结构化和非结构化数据，企业可以做出更加精准和有针对性的决策。从营销策略到产品开发，从供应链优化到人力资源管理，数据分析在各个业务领域都发挥着关键作用。随着信息技术的快速发展，数据的产生和收集变得空前容易。从社交媒体、电子商务平台到物联网设备，数据正以海量的速度源源不断地产生。仅2020年一年，全球就产生了59 ZB②的数据，预计到2025年，这一数字将达到175 ZB。

这些海量的数据蕴含着无穷无尽的商业价值，但如何从中挖掘出有价值的信息，成为企业面临的新挑战。传统的数据分析方法已经无法应对如此庞大和复杂的数据集，于是大数据和人工智能等新兴技术应运而生，为企业提供了强大的数据分析工具。

大数据技术使企业能够存储、管理和处理海量的结构化和非结构化数据。通过使用分布式计算和存储系统，如Hadoop和Spark，企业可以快速分析大量数据，发现隐藏的模式和趋势。

人工智能则为数据分析带来了革命性的变革。机器学习算法可以从大量数据中自动学习和发现规律，并做出预测和决策。从客户细分和个性化推荐，到欺诈检测和风险评估，人工智能在各个领域都有广泛的应用。

随着技术不断进步，人工智能的应用也变得越来越智能和自主。深度学习技术可以模拟人类大脑的神经网络，已在图像识别、自然语言处理等领域取得了突破性进展，而强化学习则可以让机器通过与环境的交互来学习和优化决策。

尽管数据分析在商业中的应用前景广阔，但企业在实施过程中也面临着诸多挑战。企业面临着数据来源繁杂、格式不一致、质量参差不齐的问题，需要进行大量的数据清洗和整合工作。企业需要平衡数据分析的需求和客户隐私保护，制定严格的数据管理政策和技术措施。数据分析需要跨学科的专业知识，包括统计学、机器学习、深度学习等，但目前

---

① 引自2022年10月26日《人民日报》第1版的文章：《高举中国特色社会主义伟大旗帜 为全面建设社会主义现代化国家而团结奋斗》。

② ZB，即zettabyte，泽字节。

市场上这类人才供给严重不足。数据驱动的决策需要企业建立数据文化，鼓励员工主动收集和利用数据，但这是一个循序渐进的过程。现有的数据分析技术在处理海量数据、实现实时分析等方面还存在一些局限性，需要不断创新和优化。

数据分析无疑将在未来的商业竞争中发挥越来越重要的作用。随着大数据和人工智能技术的不断进步，企业将拥有更强大的数据分析能力，做出更加精准和智能的决策。但同时，企业也需要重视数据分析的伦理和社会影响。如何确保数据分析的公平性和透明性，如何保护个人隐私，如何应对人工智能带来的就业冲击，这些都是企业需要认真思考和应对的问题。

本书在编写过程中，充分体现了党的领导和党的建设的重要性，引导广大师生增强"四个意识"、坚定"四个自信"、做到"两个维护"，自觉在思想上政治上行动上同以习近平同志为核心的党中央保持高度一致。同时，我们还注重将习近平总书记关于教育的重要论述贯穿其中，如"立德树人"的根本任务，培养德智体美劳全面发展的社会主义建设者和接班人。我们希望通过本书的学习，广大师生不仅能掌握数据分析与商务决策的专业知识和技能，更能树立正确的世界观、人生观和价值观。

本书的撰写，是以习近平新时代中国特色社会主义思想为指导，紧密结合新时代经济社会发展的实际需求，全面系统地阐述了数据分析在商务决策中的重要作用。我们注重运用大数据、人工智能等新技术，为企业和组织提供科学有效的决策支持，助力实现高质量发展。

目　　录

第1章　数据分析与商务决策概论

1.1　大数据及其特征

大数据（big data）作为新一轮工业革命中最为活跃的技术创新要素，正在全面重构全球生产、流通、分配、消费等领域，对全球竞争、国家治理、经济发展、产业转型、社会生活等方面产生全面深刻影响[1]。

Netflix（奈飞）被誉为世界上最有价值的媒体公司，早在 2020 年，他们的付费订阅用户已经突破 2 亿人。他们成功的基础策略就是利用大数据做好用户留存。除了从订阅者那里获得评分反馈并评级，Netflix 还会收集每个订阅者的使用信息，比如观看的日期、地点和设备，以及观看的时间，甚至还会知道订阅者是何时暂停和恢复节目和电影的。他们还会考虑订阅者是否已经看完这部剧，完成一集或一季或一部电影需要几个小时、几天或几周。根据这些信息分析订阅者的偏好，利用推荐算法向订阅者推荐符合其偏好和观看习惯的内容。研究表明，有超过 80%的订阅者遵循了推荐算法，Netflix 的客户保留率正在上升。

此外，Netflix 还会根据用户偏好来对内容创作项目和推广进行决策。《纸牌屋》是 Netflix 通过大数据决策的一部作品。当时 Netflix 首席内容官 Ted Sarandos（泰德·沙兰多）和他的团队，分析了近 3000 万条用户大数据，发现喜欢英版《纸牌屋》、导演大卫·芬奇和老戏骨凯文·史派西的用户存在交集，从而断定如果这三者进行合作，将赢得广泛关注。同时，分析还发现大多数受众喜欢按照自己的节奏观看全季的节目，因此决定颠覆式地一次性发布全季的内容，使电视行业发生了革命性的变化。在推广方面，Netflix 较为精准地掌握了观众的口味，针对不同的观众群体推出了不同的片花、不同色彩的封面等，节省了市场推广费用的同时显著提高了推广的有效性，这一系列的决策催生了爆款内容《纸牌屋》。此后，随着用户数量的增长，Netflix 积累的大数据越来越多，以大数据决策为核心驱动，不断地制作出来爆款内容，甚至通过大数据决策，Netflix 走出了独特的影视国际化的道路，打破了传统内容市场纯粹依靠创作灵感、影视公司制作经验和市场调研的方法，以大数据为切入口，找到了一条流媒体平台全球化战略中的内容创新与价值生成的新路径。

与 Netflix 类似，亚马逊（Amazon）也会使用推荐算法优化用户的体验。当人们在网上购物时，繁多的商品常使消费者眼花缭乱、无从下手。亚马逊会从用户在搜索关键词开始到访问商品页面并完成购买的整个流程进行采集分析，并且会对用户浏览倾向偏好以及兴趣爱好和观点态度进行采集和分析，同时对顾客以往的购物行为进行分析，为其推送关键信息使得顾客能够找到自己满意的商品，不断提升用户的购物体验。

为了增强竞争力，亚马逊还使用动态定价策略，每隔五分钟，亚马逊会扫描所有竞争对手的商品价格，然后以此来调整自身的商品价格，保证自己的商品价格较低。这样的机制，最大化地留住了新用户。而且，亚马逊还有一个特殊的做法，即同样的商品，老用户看到的价格要比新用户贵。就算是这样，老用户也不会流失，原因是虽然老用户看到的商品可能比新用户所看到的要贵，但和其他网站相比亚马逊还是最便宜的。亚马逊通过这种做法，让新客户逐渐成为老客户，然后慢慢地在老客户处赚更多的钱。

亚马逊还会根据情况来调节物流和仓储的成本。比如，同样一个商品，品牌商可能会在自己的电商网站上卖一个价格，在亚马逊上卖另一个价格。如果亚马逊发现同样一台冰箱，在某个品牌商的网站上卖 2000 美元，在亚马逊上卖 2100 美元，这时候它就会适当调节这个冰箱的物流成本，用来牵制竞争对手的价格。具体来说，亚马逊会利用用户历史数据做出预测并调节物流和仓储的成本，从而降低配送费用。

1.1.1　大数据的定义和特征

大数据，或称巨量资料，指的是所涉及的资料量规模巨大到无法透过目前主流软件工具，在合理时间内达到提取、管理、处理并整理成为帮助企业经营决策这一更积极目的的资讯。值得注意的是，大数据所指的不只是需要处理的信息量过大，超出一般电脑在处理数据时的内存量；更进一步地，大数据指出了数据的复杂形式、数据的快速时间特性以及对数据的分析、建模等专业化处理，最终获得有价值信息的数据分析范式。总之，大数据是一个动态的定义，其内涵早已超越了数据本身。

大数据具有很多区别于传统数据的特征，目前 IT 界通常用大数据的"4V"特点，即 volume（规模）、variety（类型）、value（价值）、velocity（速度）来概括[2]。

volume：大数据的采集、计算、存储量都非常庞大。截至 2012 年，人类生产的所有印刷材料的数据量是 200 PB（1 PB=1024 TB），而历史上全人类说过的所有的话的数据量大约是 5 EB（1 EB=1024 PB）[①]。当前，典型个人计算机硬盘的容量为 TB 量级，而一些大企业的数据量已经接近 EB 量级。

variety：数据类型繁多、复杂多变是大数据的重要特性。大数据的形式具有多样性，不仅包括结构化数据，还包括半结构化和非结构化数据等。这也得益于大数据广泛的来源，常见的来源包括网络日志、音频、视频、图片。

value：大数据价值密度相对较低。随着物联网的广泛应用，信息感知无处不在，信息海量，但价值密度较低，存在大量不相关信息。因此需要对未来趋势与模式做可预测分析，利用机器学习（machine learning）、人工智能等进行深度复杂分析。而如何通过强大的机器算法更迅速地完成数据的价值提炼，是大数据时代亟待解决的难题。

velocity：数据增长速度快，处理速度也快，获取数据的速度也要快。这是大数据区别于传统数据挖掘的最显著特征。根据 IDC（International Data Corporation，国际数据公司）的"数字宇宙"的报告，到 2020 年，全球数据使用量达到 44 ZB。在如此海量的数据面前，处理数据的效率就是企业的生命。

除了传统的"4V"特征，大数据呈现出与以往传统数据不同的一个突出特征就是"全数据"。其主要体现在两个方面：一方面，大数据为了获取事物的全部细节，不对事物进

---

① PB，即 petabytes，拍字节。TB，即 terabyte，太字节。EB，即 exabyte，艾字节。

行抽象、归纳等处理，而是直接采用原始的数据。全数据由于减少了采样和抽象，直接呈现所有数据和全部细节，可以分析得到更多的信息。另一方面，人们处理数据的方法和理念发生了根本性改变，目前有直接处理全部数据而不是只考虑抽样数据的趋势。使用全数据可以带来更高的精确性，从更多的细节来解释事物属性，同时必然使得要处理的数据规模显著增多。

1.1.2　大数据的发展趋势

大数据产业指以数据生产、采集、存储、加工、分析、服务为主的相关经济活动，包括数据资源建设、大数据软硬件产品的开发、销售和租赁活动，以及相关信息技术服务[①]。大数据的发展前景非常可观，主要呈现出以下六大发展趋势。

（1）数据的资源化，数据将成为最有价值的资源。

（2）与云计算的深度结合，物联网、移动互联将成为发展新趋势。

（3）数据科学人才将备受欢迎。

（4）数据泄露泛滥，数据安全将日益受到重视。

（5）数据管理成为企业核心竞争力。

（6）数据质量是 BI（business intelligence，商业智能）成功的关键。

在大数据迅猛发展的时代，处理大数据的人才也备受欢迎。数据科学是不同团队之间的协作行为，目前普遍认可的大数据人才应该具有以下五种核心竞争力：①具备成熟的数据思维；②能够熟练进行大数据相关处理；③具备强大的业务沟通能力；④具备丰富的跨学科知识；⑤具备自觉的团队合作意识。

1.2　数据科学的兴起及其流程

1.2.1　数据科学的兴起及内涵

1974 年，著名计算机科学家、图灵奖获得者 Peter Naur（彼得·诺尔）在其著作《计算机方法的简明调研》（*Concise Survey of Computer Methods*）的前言中首次明确提出了数据科学的概念，认为"数据科学是一门基于数据处理的科学"，并提到了数据科学与数据学（Datalogy）的区别——前者是解决数据（问题）的科学，而后者侧重于数据处理及其在教育领域中的应用。

1996 年在日本召开的"数据科学、分类和相关方法"会议，已经将数据科学用作会议的主题词。2001 年，在贝尔实验室工作的 William S. Cleveland（威廉·克利夫兰）在学术期刊 *International Statistical Review* 上发表题为《数据科学——拓展统计学技术领域的行动计划》（Data science: an action plan for expanding the technical areas of the field of statistics）的论文，主张数据科学是统计学的一个重要研究方向，数据科学再度受到统计

---

① 《大数据产业发展规划（2016—2020 年）》，https://ibdlab.tsinghua.edu.cn/data/upload2/file/201701/4ab8eb135aecbee41ff 30ea8449341b6.pdf，2017 年 1 月 17 日。

学领域的关注，也奠定了数据科学的理论基础。

数据科学是指以数据为中心的科学。它是基于计算机科学、统计学、信息系统等学科的理论，发展出的新理论，来对数据从产生与感知到分析与利用整个生命周期的本质规律进行探索与认识，是一门新兴学科。数据科学主要有两个内涵：一个是研究数据本身，研究数据的各种类型、状态、属性及变化形式和变化规律；另一个是为自然科学和社会科学研究提供一种新的方法，称为科学研究的数据方法，其目的在于揭示自然界和人类行为现象和规律。

可以从以下四个方面理解"数据为中心的科学"的含义。

（1）问题。数据科学是一门将"现实世界"映射到"数据世界"之后，在"数据层次"上研究"现实世界"的问题，并根据"数据世界"的分析结果，对"现实世界"进行预测、洞见、解释或决策的新兴科学。

（2）方法。数据科学是一门以"数据"，尤其是"大数据"为研究对象，并以数据统计、机器学习、数据可视化等为理论基础，主要研究数据预处理（data preprocessing）、数据管理、数据计算等活动的交叉性学科。

（3）目的。数据科学是一门以实现"从数据到信息"、"从数据到知识"和（或）"从数据到智慧"的转化为主要研究目的的，以"数据驱动"、"数据业务化"、"数据洞见"、"数据产品研发"和（或）"数据生态系统的建设"为主要研究任务的独立学科。

（4）体系。数据科学是一门以"数据时代"，尤其是"大数据时代"面临的新挑战、新机会、新思维和新方法为核心内容的，包括新的理论、方法、模型、技术、平台、工具、应用和最佳实践在内的一整套知识体系。

1.2.2　数据科学的定位

2010 年，德鲁·康威提出了第一个揭示数据科学的学科定位的维恩图（图 1.1）——数据科学维恩图（the data science Venn diagram），首次明确探讨了数据科学的学科定位问题。从学科定位来看，数据科学处于数学与统计学知识、黑客精神与技能和领域实务知识等三大领域的交叉之处，具备较为显著的交叉型学科的特点。其具备三个基本要素：理论（数学与统计学知识）、精神（黑客精神与技能）和实践（领域实务知识）。

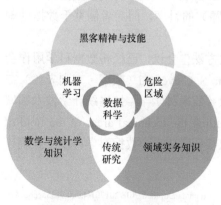

图 1.1　数据科学维恩图

1.2.3　数据科学的研究内容

数据科学主要以统计学、机器学习、数据可视化等领域知识为基础理论，研究点包括：基础理论、数据加工、数据计算、数据管理、数据分析和数据产品开发。

1）基础理论

数据科学的基础理论主要包括数据科学中的新理念、理论、方法、技术和工具以及数据科学的研究目的、理论基础、研究内容、基本流程、主要原则、典型应用、人才培养、项目管理等。现有的大数据分析理论与方法大多从传统的统计分析、数据挖掘、机器学习、数据融合等领域派生出来，例如 K-means++、K-means Ⅱ 等聚类算法对经典 K-means 算法进行了改进，实现了大规模数据高效聚类。大数据的特点使现有方法超出了其使用条件和范围。因此，如何在原有方法的基础上拓展，研究适用于大数据特征的数据分析方法成为大数据时代的挑战，包括研究扩展传统的数据挖掘、机器学习、数据融合算法的原理[3]。

2）数据加工

在进行数据分析时，为了提升数据质量、降低数据计算的复杂度、减少数据计算量并提升数据处理的精准度，数据科学项目需要对原始数据进行一定的加工处理工作——数据审计、数据清洗（data cleaning）、数据变换、数据集成（data integration）、数据脱敏、数据归约（data reduction）和数据标注等。

3）数据计算

在数据科学的发展过程中，计算模式发生了根本性的变化——从集中式计算、分布式计算、网格计算等传统计算过渡至云计算。通常在大数据所属地计算局部解，即大数据应用具有数据存储的分布性问题，在数据所在地进行计算，产生的部分计算结果可能出现不一致、相互背离等现象，需要通过不同方式的计算进行验证，这给求解全局问题带来挑战。因此，需要研究大数据多地计算/异地计算基础问题，包括异地计算行为建模；研究局部解的局限性评估机制、局部解发送接收的身份验证机制、局部解的优化融合策略；研究全局解的最优性评估机制、提高全局解最优率的异地选取策略等。

4）数据管理

在数据科学中，数据管理方法与技术也发生了重要变革——不仅包括传统关系型数据库，还出现了一些新兴数据管理技术，如 NoSQL、NewSQL 技术和关系云等。

5）数据分析

大数据技术的核心是数据分析技术。目前，大数据分析技术主要在传统方法上延伸拓展，还没有从本质上解决大数据利用面临的挑战。大数据分析技术的主要研究方向包括：传统数据分析算法的改进原理、新型数据挖掘算法、高维数据分析方法、深度学习方法等。

数据科学中采用的数据分析方法具有较为明显的专业性，通常以开源工具为主，与传统数据分析有着较为显著的差异。目前，R 语言和 Python 语言已成为数据科学家应用较为普遍的数据分析工具。

6）数据产品开发

数据产品开发是数据科学的主要研究使命之一，具有以数据为中心、多样性、层次性和增值性等特征。数据产品开发能力也是数据科学家的主要竞争力之一。因此，数据科学的学习目的之一是提升自己的数据产品开发能力。

1.2.4　数据科学的工作流程

从整体上看，数据科学所涉及的基本流程主要包括以下六个。

（1）数据化：是指从现实世界中收集（捕获和记录）原始数据——零次数据。

（2）数据（预）处理：将原始数据（零次数据）转换为干净可用的数据——一次数据、二次数据或三次数据。

（3）探索性分析：在无（或较少）先验假定的前提下，采用作图、制表、方程拟合、计算特征量等手段，初步探索数据的结构和规律，为数据分析提供依据和参考。

（4）数据分析与洞见：根据"干净数据"本身的特点和"探索性数据分析"的结果，设计、选择、应用具体的机器学习算法或统计模型进行数据分析。

（5）结果展现：在机器学习算法或统计模型的设计与应用基础上，采用数据可视化、故事描述等方法将数据分析的结果展示给最终用户，提供决策支持。

（6）提供数据产品：在机器学习算法或统计模型的设计与应用的基础上，还可以进一步将"干净数据"转换为各种"数据产品"，并提供给"现实世界"进行交易与消费。

1.3 数据分析思维内涵与特点

1.3.1 科学思维

科学思维（scientific thinking）通常是指理性认识及其过程，即经过感性阶段获得的大量材料，通过整理和改造，形成概念、判断和推理，以便反映事物的本质和规律。科学思维是指人脑对自然界中事物的本质属性、内在规律及自然界中事物之间的联系和相互关系所做的有意识的、概括的、间接的和能动的反应，该反应以科学知识和经验为中介，体现为对多变量因果系统的信息加工过程。简而言之，科学思维是人脑对科学信息的加工活动，是主体对客体理性的、逻辑的、系统的认识过程，是科学认识及其成果在人们头脑中最概括、最抽象的积淀。

如果着眼于科学思维的具体手段及其科学求解功能，那么科学思维可分为以下几种。①发散求解思维：人们在科学探索中不受思维工具或思维定式的制约，从多方面自由地思考问题答案，其中包括求异思维、形象思维和直觉思维等。②逻辑解析思维：人们在科学探索中自觉运用逻辑推理工具去解析问题，并由此推得问题解的思维方法，其中包括类比思维、隐喻思维、归纳思维、演绎思维和数理思维等。③哲理思辨思维：人们在科学探索中运用不同程度的思辨性哲学思维去寻求问题答案，其中包括次协调思维、系统思维和辩证思维等。

如果从人类认识世界和改造世界的思维方式出发，科学思维又可分为以下几种。①理论思维（theoretical thinking）：又称逻辑思维，是指通过抽象概括，建立描述事物本质的概念，应用科学的方法探寻概念之间联系的一种思维方法。②实验思维（experimental thinking）：又称实证思维，是通过观察和实验获取自然规律法则的一种思维方法。它以观察和归纳自然规律为特征，以物理学科为代表。③计算思维（computational thinking）：又称构造思维，是指从具体的算法设计规范入手，通过算法过程的构造与实施来解决给定问题的一种思维方法。

（1）理论思维，亦称科学理论思维、逻辑思维，是人类在知识和经验事实基础上形成的认识事物本质、规律和普遍联系的一种理性思维。其特点在于抽象性。同那种仅以经验事实为根据、按照经验的惯性而进行的思维，即单纯的经验思维不同，理论思维不受经验事实的特殊时空限制，其运用分析与综合、归纳与演绎等科学抽象方法，超越事实，从有限中把握无限，从相对中认识绝对，从特殊中认识一般，透过现象把握本质，获得规律性的知识。

理论思维要符合一些原则：一是有作为推理基础的公理集合；二是有一个可靠和协调的推演系统（推演规则）。任何结论都要从公理集合出发，经过推演系统的合法推理，得出结论。

理论思维有四个常用的代表性方法。①分析与综合。分析是在思维中把对象分解为各个部分或因素，分别加以考察的逻辑方法。综合是在思维中把对象的各个部分或因素结合成为一个整体加以考察的逻辑方法。②分类与比较。根据事物的共同性与差异性就可以把事物分类，具有相同属性的事物归入一类，具有不同属性的事物归入不同的类。比较就是比较两个或两类事物的共同点和差异点。通过比较能更好地认识事物的本质。③归纳与演绎。归纳与演绎是人们把握事物两种相反的思维方法。归纳是由个别上升到一般的思维方法，是由个别到特殊向一般的运动。演绎则是由一般性的原则到个别性的结论的方法，是由一般到特殊向个别的运动。④抽象与概括。抽象是从众多的事物中抽取出共同的、本质性的特征，而舍弃其非本质的特征的过程。而概括则是指人脑在比较和抽象的基础上，把抽象出来的事物的共同的本质特征综合起来，并推广到同类事物上去的过程。

（2）实验思维，又被称为实证思维，起源于物理学的研究。其主要内容指人作为主体在探求事物运动的本质、规律过程中凝结而成并发挥其功能的，具有客观性和实证性追求的思维形式。它是在科学发展的漫长历程中形成的，然而一旦形成即对人具有某种先验性，成为人们认识和评价事物的相对固定的思维模式。一般来说，实验思维要符合三点原则：一是可以解释以往的实验现象；二是逻辑上自洽，即不能自相矛盾；三是能够预见新的现象。实验思维的结论必须经得起实验的验证。

实验思维的主要形式包括三组：①客观实证思维方式与逻辑推演思维方式；②具体科学思维方式与科学理论思维方式；③行为预期思维方式与反馈时效思维方式。

（3）计算思维，这个概念最早是由麻省理工学院（Massachusetts Institute of Technology，MIT）的西摩·佩珀特教授于 1996 年提出的。美国卡内基梅隆大学的周以真（Jeannette M. Wing）教授则将这个概念推广发展，使其得到广泛关注。2006 年 3 月，周以真教授在美国计算机权威期刊 Communications of the ACM 上给出了计算思维的概念。周教授认为，计算思维是运用计算机科学的基础概念进行问题求解、系统设计，以及人类行为理解等涵盖计算机科学之广度的一系列思维活动。2010 年，周以真教授又指出计算思维是与形式化问题及其解决方案相关的思维过程，其解决问题的表示形式应该能有效地被信息处理代理执行。

计算思维吸取了问题解决所采用的一般数学思维方法，现实世界中巨大复杂系统的设计与评估的一般工程思维方法，以及复杂性、智能、心理、人类行为的理解等的一般科学思维方法。其建立在计算过程的能力和限制之上，由人和机器执行。计算方法和模型使我们敢于去处理那些原本无法由个人独立完成的问题求解和系统设计。

计算思维是一种递归思维。它是并行处理的，把代码译成数据又把数据译成代码。

它是由广义量纲分析进行的类型检查。对于别名或赋予人与物多个名字的做法，它既知道其益处又了解其害处。对于间接寻址和程序调用的方法，它既知道其威力又了解其代价。在评价一个程序时，它不仅仅根据其准确性和效率，还会有美学的考量，而对于系统的设计，还会考虑简洁和优雅。

计算思维还是一种抽象和分解思维，它是一种基于关注点分离（seperation of concerns，SOC）的方法，选择合适的方式去陈述一个问题，或者是选择合适的方式对一个问题的相关方面建模使其易于处理，是利用不变量简明扼要且表述性地刻画系统的行为。它使我们在不必理解每一个细节的情况下就能够安全地使用、调整和影响一个大型复杂系统的信息。

计算思维也是一种按照预防、保护及通过冗余、容错、纠错的方式从最坏情形恢复的思维。它称堵塞为"死锁"，称约定为"界面"。计算思维就是学习在同步相互会合时如何避免"竞争条件"（亦称"竞态条件"）的情形。

最后，计算思维利用启发式推理来寻求解答，也就是在不确定情况下的规划、学习和调度。它就是搜索、搜索、再搜索，结果是一系列的网页，一个赢得游戏的策略，或者一个反例。计算思维利用海量数据来加快计算，在时间和空间之间，在处理能力和存储容量之间进行权衡。

1.3.2　统计思维

统计思维是一种高层次的结合性思维方式,它自觉运用数学和统计学的理论和方法,对客观事物和现象的数量特征及数量关系进行正确的描述和科学的分析，从而认识其本质，把握其发展变化的规律性。统计思维从属于一般思维，集分类与比较、归纳与演绎、分析与综合、抽象与具体等多种思维性于一体。它既是思维方式，又是行为方式、工作方式、决策方式。常用的思维方式有以下五种。

1）要有善于利用数据的思维

"'Data!Data!Data!' he cried impatiently. 'I can't make bricks without clay.'"这是著名小说中福尔摩斯（Sherlock Holmes）说过的一句话。福尔摩斯可以依据命案现场的一些蛛丝马迹，推测凶嫌可能惯用左手，或可能经过一片果园。做决策要有数据，每一项数据，都可能是有用的信息。统计学家的本事要能发挥，就得善用信息。因此对于统计学家来说，数据有如线索之于侦探。

2）要有善于捕捉不确定性的思维

由于不确定性的存在，我们所能做的，就是要设法减少这些不确定性。因此，我们的先辈针对随机的世界，总结了一些所谓的法则来应对这样的不确定性。例如，大数法则（law of large numbers），另一个重要的随机法则就是中心极限定理（central limit theorem）。在统计里做预测和估计，本质上是在做以偏概全的事。虽偏却能概全，这就是统计学家的本领。

3）要有相信概率的思维

概率的意义究竟是什么呢？第一种方式，在诸如投掷骰子或抽签时，我们通常以"相同的可能性"来解释概率，即骰子的六个面，每个面出现的概率皆认为是六分之一。该解释在日常生活中还是比较适用的。当没有其他信息时，常假设每一种可能的结果发生的概率都一样。第二种方式，是以相对频率来解释概率。例如，如果一位职业篮球选手，过去的投篮命中率是 0.527，表示该选手在接下来投篮的时候，命中率大抵就是 0.527。这种常见的对概率的解释也比较客观。其背后的理论基础就是大数法则。针对的现象，则是可以重复观测的。最后一种方式是以主观概率来解释。例如，世界杯足球赛巴西队最后夺冠的概率、追上某一女孩的概率等就是主观概率，这些事件无法重复观测，是一次性的。上述三种对概率的解释有时会交错使用，或彼此相互验证。

4）要有合理估计的思维

从统计思维的角度看，最著名的估计方法就是最大似然法（maximum likelihood method），该方法就是依据发生概率最大者来确定估计值的。这个方法有很多好的性质，而且常常能得到不错的估计量。随着统计学的发展，各种估计方法百家争鸣。这些有道理的估计方法，往往有各自的优点，并且适用于某些场合，不会有哪种方法永远是最佳的。例如，有时我们觉得给个范围能更清楚地描述，这就是著名的置信区间（confidence interval）估计方法。

5）要有疑罪从无的假设检验思维

1933 年，波兰人 Neyman（奈曼）及英国人 Pearson（皮尔逊）给出著名的 Neyman-Pearson（奈曼–皮尔逊）引理，奠定了统计学里的无罪推定原则，这就是假设检验（hypothesis testing）。英文中的假设 hypothesis，由古希腊文 hypotithenai 演变而来，科学上的假说（或称假设学说）也是这个词。在数学里，我们常用来证明一命题是真或伪。但在随机世界中，很多现象都只能视为假设，就看更愿意接受哪一个。接受不表示完全相信该假设为真，拒绝也不表示该假设为伪。统计里的假设，经检定后，不论接受哪一个假设，都无法让该假设成为定律，假设永远是假设。

图 1.2 中的传统统计思维过程基本上包括三个部分：资料收集、资料分析以及统计推断。

图 1.2　传统统计思维过程图

（1）资料收集，指的是想了解的整体资料（称为母体）太庞大，所以透过统计方法去取得有用的样本。在统计上发展出了实验设计（design of experiment）法和统计抽样（statistics sampling）方法两大方法。

（2）资料分析，指的是将已经取得的资料，加以分析、研究，甚至建立模型，主要工作内容在于点估计（point estimation）、假设检验、建模（model building）以及预测（forecasting）。

（3）统计推断，指的是经过统计分析建模之后，可以用来优化（optimization）和预测，并探讨此推断的可靠性。

1.3.3 数据思维

数据思维是指一种收集、生产、处理大数据，发现大数据的价值，并应用大数据来观察世界、思考问题、分析问题、解决问题的一种思维模式。它是一种量化的思维模式，是重视事实、追求真理的思维定式，是基于多源异构和跨域关联的海量数据分析产生的数据价值挖掘思维，进而引发人类对生产和生活方式乃至社会运行的重新审视。

数据思维和科学思维一直伴随着人类的生活和生产，无处不在、缺一不可，但我们并不能将数据思维等同于科学思维，或者认为科学思维包括数据思维，二者之间存在着本质差异。

（1）认识层面不同。从对事物间关系的认识层面看，数据思维注重事物间的相关关系，科学思维注重事物间的因果关系。

（2）研究范式不同。伴随大数据产生的数据范式，是继理论范式、实验范式和计算范式之后的第四种科学研究范式，这一研究范式的特点表现为：不在意数据的杂乱，而强调数据的量；不要求数据精准，而看重其代表性；不刻意追求因果关系，而重视规律总结。表 1.1 是四种研究范式对应的思维方式。

表 1.1 不同思维范式特点对比

研究范式	思维方式	应用学科	呈现的基本对象	采用的基本方式
理论范式	理论思维	理论科学	符号、定义、公式、公理、定理	演绎、推理
实验范式	实验思维	实验科学	定义、定律（规律）、现象、实验、定理	设计、再现、模拟、观察、归纳、分析
计算范式	计算思维	计算科学	符号、算法（程序）、模型、系统	抽象（离散化、符号化、模型化）、自动计算（程序化）
数据范式	数据思维	数据科学	大数据[无结构、半结构、巨大规模（至少为 TB 级，1 TB=1024 GB）][①]	计算（统计、分布、并行）

同时，数据思维与统计思维类似，但也有本质上的差异。

第一，研究的目的不同。在传统统计工作中，确证性研究是长期以来的主要目的之一，基于事物间的相关性、先验信息，以及统计推断方法，进行因果关系的初步研究。大数据主要应用于探索性研究，其主要核心是建立在相关关系之上，排除人为假设，挖掘数据深处的意义，获得更多的认知与洞见，进而可以科学地预测。

第二，研究的对象不同。传统统计思维模式下进行数据处理时，以概率论为基础，根据样本特征推断总体特征。这种方法推断是否正确取决于样本的代表性。数据思维强调的是使用全体数据，大数据中的概率不再是事先设定，而是基于实际分布得出。

第三，获取数据的方式不同。传统研究中以"定向型信息"为主，即人们通过设计调查表主动收集数据，逐个进行收集、整理。而在大数据时代以"发散型信息"为主，即对数据来源和产生者无过多的要求，亦非为了收集特定事物而产生。

第四，数据的性质不同。传统统计数据具有样本量小、信息量丰富、针对性强、准确

---

① GB，即 gigabyte，吉字节。

度高等性质。而数据思维则不同，主要体现在两个方面：高度容错机制和高度非结构化。

第五，分析方法的要求不同。在传统统计思维中，研究方法较为单一，主要依据统计方法，精确建模，分析思路是"假设—验证"。大数据以数据挖掘及智能算法为主要研究方法，快速、高效，且容错能力强，分析思路是"发现—总结"。

1.4　数据分析在商务决策中的特点

数据分析在商务决策中主要包括整体性、量化性、互联性、价值性、动态性五个方面特点[4]。

1.4.1　整体性

与整体性相对应的是局部，在研究方法上反映为样本数据与全数据。对全数据的需求一直存在，以往限于技术方法等限制无法实现，因而选用抽样调查来预估整体，这就有了两个误差。

（1）技术性误差。无论局部具有多高的代表性，都无法真实反映出总体的状况，即便是以最合理的方法选择样本也无法实现，况且这种最合理本身就无法保证。

（2）操作性误差。样本的选择会随操作者的差异而有所不同，所得结论就无法完全一致，况且并非每个人都能够保证样本的选取足够合理，其带来的误差也难以预估。

由于抽样的不足，社会科学的科学性受到来自其他学科的质疑，用抽样方法分析整个人口的情况，正确率可达百分之九十以上，但也许正是忽略的样本可能会完全颠覆已有结论。全数据日益受到关注。随着信息技术的进步，可以轻易获得海量数据，数据存储、处理和分析技术也发生了翻天覆地的变化，选择收集全面而完整的数据进行分析有助于深入地透析数据，抽样则无法达到这种效果。

典型的代表是我国的普查制度。我国三大普查分别为人口普查、经济普查、农业普查。其中的人口普查，分别每十年或六年一次，来了解全国的状况，之所以间隔时间较长，是因为普查需要耗费大量的人力、物力、财力，统计局人员有限且需要充足时间策划。拿到数据后需要经过更长时间的深入分析。这样做虽然消耗巨大，但消除了样本缺失的误差。数据支撑决策，新的政策将关乎每一个人，如果抽样存在误差，将会产生对一定人群的政策失衡。

1.4.2　量化性

量化，更准确地说是数据化，是分析的基础。对事物进行量化处理时，最主要的是建立一个合理的维度、选取合适的参考变量，比如对一个公司不同部门的绩效评价参考的变量和维度应该有所不同。另外，在生产过程中，收集实时数据和业务数据进行高效的一体化管理，提升智能调度水平也对提升生产效率大有裨益。

案例 1.1　沙钢数据化
江苏沙钢集团有限公司（以下简称沙钢集团）是国内最大的电炉钢和优特钢生产基

地之一。自 2013 年起，沙钢集团投入超过亿元用于更新仪器设备，以实现数据的量化收集，从而高效整合实时数据与业务数据，推动钢铁企业的节能管理，提升能源调度的智能化水平。

近年来，尤其是在"十三五"期间，以人工智能、5G、云计算和大数据为代表的新兴信息通信技术（information and communication technology，ICT）迅速发展。伴随着国家一系列鼓励产业转型升级的政策出台，各行业掀起了数字经济革命的浪潮。实施绿色制造（决定钢企的生存）、智能制造（决定钢企的发展）和精益制造（决定钢企的地位）已成为钢铁企业转型升级的主旋律。

在数字经济时代，钢铁企业的数智化转型必须经历标准化、信息化、精益化、数字化、网络化、智能化和智慧化等多个发展阶段。

钢铁企业实施数智化转型主要有两种模式。

一种是以自主研发为主。例如，中国宝武自主开发了两个数智化平台，并在宝武鄂钢首次实现了大规模生产的验证应用。其中一个是智能工厂平台 iPlat，集成了云计算和边缘计算的智慧制造功能，具备数据采集治理及服务、智能化生产过程控制、数字化制造执行和成本绩效管理等多项功能。另一个是智慧生态平台 ePlat，旨在构建钢铁生态圈，为产业链参与者提供金融、物流、技术、质检、资讯和采购等综合服务，实现商流、信息流、资金流和物流的四流合一，通过大连接、大数据和大共享实现向生态圈的辐射和赋能。

另一种模式是借助社会专业技术力量。例如，沙钢集团原有的电商平台设备老旧，日常运行的稳定性和灵活性较差，资产管理复杂，使用本地数据中心，每年都需进行资产盘点，耗时耗力。经过多轮比选，沙钢集团选择与华为合作，迅速完成了云商平台的转型升级，基于华为云构建了新的 B2B 电商业务平台。新平台在客户访问时表现出色，在竞拍和秒杀等极端场景下依然能够稳定运行；同时，华为按周期收取服务费，沙钢集团无须关注资源维护，能够专注于主营业务。

自 2015 年起，沙钢集团将智能制造作为信息化与智能化深度融合的切入点，针对不同工厂、车间、工序和岗位的技术装备水平，制定了差异化的实施路径，全面推进智能制造战略工程。2017 年，沙钢集团创新实施了"高端线材全流程智能制造新模式应用"项目，为钢铁企业提供智能工厂解决方案。到 2020 年，该项目通过了政府的验收，涉及转炉特钢、开坯修模和棒线车间的改造升级，总投资达 4 亿元。该项目通过建设一个中心、一条智能化生产线、四大系统和七大平台，探索形成了一种高端线材智能制造的新模式，为企业的节能减排、减员增效和提升产品质量提供了强有力的技术支持。项目实施后，生产效率提高了 31.5%，运营成本降低了 23.2%，产品研发周期缩短了 35.4%，产品不良率降低了 26.8%，单位产值能耗降低了 19.7%。[①]

---

① 《钢铁行业如何做好"十四五"数智化转型？》，http://www.sha-steel.com/doc/2021/01/13/13507.shtml，2021 年 1 月 13 日。

1.4.3 互联性

数据分析的互联性源于事物泛在的相关关系，任何一个事物都有其内部结构，且与同一系统内的其他事物存在广泛的联系，这种泛在的相关关系要求在面对问题时具备相关性思维。

相关性思维将事物与其周边事物联系起来进行考察，既注重内部各部分数据之间的相互作用关系，又重视大数据与其外部环境的相互作用关系，通过数据的重组、扩展和再利用，突破原有的框架，开拓新领域，发掘数据蕴含的价值。

基于事物间泛在的相关性，可以进行数据的关联分析。充分运用最新技术手段，对各个领域进行信息全面定量采集以及信息互通，打通信息间隔阂，并进行全新的信息整合，实现分析实用性及数据科学性，创造更具价值的数据应用和信息资产。

1.4.4 价值性

数据是 21 世纪最重要的资源之一。随着数据分析的不断开发和研究，其运用不仅在处理数据分析上高效，对于事件及数据的预测也实现了精准并具有概率性的分析结果，使得数据的价值日益令人瞩目。

大数据技术的常见应用可以总结成为两类，第一类是与长尾经济模式结合，向用户或客户提供个性化的信息、产品、营销和服务；第二类是基于分类、预测、挖掘等数据模型，用机器自动化的方法改善某些业务环节的实现效率。第一类往往会改变整个业务模式，而第二类则以提升效率为主，不改变业务本身。

案例 1.2 浪潮 GS 助力河南广安集团建立一猪一 ID

作为辐射全国的农牧企业集团，多年来河南广安集团一直存在企业信息化进程与企业发展需求不匹配的问题。2013 年，河南广安集团引入浪潮 GS，采用单件管理系统，通过一猪一 ID（identity document，身份标识号）对其成长周期进行全过程监控：给每一头养殖的生猪一个身份标识号，从养殖开始到销售结束，伴随生猪的整个生命周期。这种做法促使食品安全可追溯，实现饲养流程精细化、集约化管理，使每年饲料节约了两成左右，为河南广安集团的智慧企业养成之路奠定了基础。

这种技术可以及时锁定每头生猪的生长情况、消耗情况、日常护理、预估出栏日期、预估重量、销售去向等确切的数据，可以在养殖过程中追踪生猪的日常数据变化情况，当出现异常时可以锁定生猪所在区域的其他生猪是否受到影响，以及出现病害后的治疗跟踪等，避免由病害带来的成本损失；另外，对生猪进行单件管理，还可以对比不同品种生猪的情况，也可以根据某些问题发生的概率去分析是个体情况还是群体问题，为企业后期的方向和决策提供有力的数据支撑，实现食品安全问题可追溯，也避免了不必要的纠纷。

1.4.5 动态性

世界事物的本源以多维状态和层次形态呈现，传统的静态思维只是一维结构，无形中制约了人类对数据价值的判断和更高层次的认知。

采用动态观点在同一时间从多个角度看问题，则可以正确看待各类数据存在的价值。这种模糊、非确定、灵活且立体型的思维决定了在多个维度上[5]，事物亦此亦彼，亦黑亦白，即没有绝对的对错判断，必须结合具体问题和背景环境才能做出对错判断。数据思维摆脱了静态思维的束缚，从动态视角多维且多层次认知数据的价值，从而可以进一步接近事实真相，更全面地认识世界。

1.5　数据分析的局限

在大数据环境下，数据成为驱动经济和社会发展的"新能源"，并创造出更大的经济和社会效益。在这样的大背景下，"量化一切""让数据发声"成为时代口号，人们更加重视"全数据而非样本"的整体性思维，追求"量化而非质化"的量化思维，强调"相关性而非因果性"的相关性思维。然而，对数据分析各方面特性的过度强调，甚至摒弃传统思维，又产生了一系列新的问题。其中最为突出的问题包括：全数据模式的幻想、量化思维的焦虑、相关性的过度崇拜。

1.5.1　全数据模式的幻想

随着各种传感器和智能设备的普及，能对事物实现实时的监测和数据的采集、传输，获取到事物的数据不只是样本数据，而是全部数据，这种模式被称为全数据模式。然而全数据模式在一个维度上尚且容易实现，但多维度往往难以实现。并且，"数据孤岛"的客观存在，使全数据模式的实现受到一定的限制。要实现全数据模式，其重要前提是实现数据开放与共享。

即使我们确实采集了所有数据并用技术对其进行分析，那也只能把握点与点之间的关系，或者把握局部的相关性。但这不代表能获得事物发展的普遍性规律和趋势。假设我们采集到了广泛关联的全部数据，实现了点到线甚至到面的数据规整，我们面对这些数据，又用什么方法与技术来分析呢？现有技术并无法满足全数据模式的发展需求。

此外，人们对"全"的狂热追求也存在着误区。数据的关键价值并不在于"大"和"全"，而是在于"有用"。全数据模式的追寻会造成这样两种错觉：只要能获取全部数据，就能挖掘更多的数据价值；一定要获得全部数据，才能挖掘更多的价值。从而陷入"非全不可"的误区。

1.5.2　量化思维的焦虑

在大数据时代下，自然界和人类社会的一切现象和行为变化被数据化，"量化一切"成为现实可能。在物的数据化同时，我们需要注意量化思维存在的几个问题。

1）本体与方法被混淆

"世界的本源是数据"这是在数据热潮中被提出的新思想，数据与真实世界的关系认识有所偏失；数据是对人们社会生活的感性对象性活动这一客观存在的量化反映，而"量化一切"正是在大数据时代下提出的认识事物的一种理想方法。"量化一切"的主要目的是对人们过去的感性对象性活动所产生的数据进行采集、传输、存储与分析，从而干预和引导人们的行为。

2）个人行为被选择

大数据分析预测的对象也许是个不错的选择，但不一定是合适的或最佳的选择，而且这种预测其实对个体的选择自由已经产生了一定的影响。设想一个情景，《非诚勿扰》的功能被一个系统所代替，系统根据你全方位的数据为你推荐最合适的伴侣，以严密的逻辑计算取代了感性的选择过程，而且给你预先知道结果的人生，你的体验会如何？

3）量化独裁

量化预测加剧"数据独裁"。数据化思维的核心是定量化，量化分析所做的成功预测，会进一步加剧人们对数据资产的依赖。然而数据的完整性以及真实性未必可查。比如说，GDP 增速下降一定能够说明发展减速吗？

4）隐私与道德

"量化一切"使个人隐私进一步受到窥视，以至于个人没有任何隐私可言。同时量化预测有时也有悖于道德伦理。

1.5.3　相关性的过度崇拜

大数据的核心思维之一是相关思维，但相关思维在生活实践中也衍生出过度崇拜的问题，主要有以下几个原因：①数据海量、杂乱，需借助相关性分析来获取事物间的关联性；②在高度复杂和高度不确定性的时代背景下，挖掘事物间因果性的难度进一步加大，相关思维备受重视；③在瞬息变化的环境下，相关分析更适合商业运行逻辑，即只重形式不求原因。

我们在进行数据思维的相关性运用时必须要注意到以下两个问题：①相关分析的关键是要找到"关联物"；②伪相关、虚假相关的客观存在是大数据分析的难点。

1.6　数据分析的应用及其商务决策

1.6.1　数据分析的应用价值

大数据时代下数据分析的变革是大数据发展的必然结果，必将反过来影响着大数据的发展与应用。数据分析给个人、国家乃至整个社会带来了巨大价值与积极影响。下面将数据分析的价值总结为五个方面。

1）加快数据资产化

数据已发展成为一种新的经济资产，成为国家基础性战略资源，日益对经济运行机制、社会生活方式以及国家治理能力产生重要影响；就国家而言，掌握数据主权成为继边防、海防、空防之后另一个大国博弈的方面，没有数据安全就没有国家安全；就企业而言，数据资产成为企业存亡的关键因素。数据分析为企业的发展提供了新的思维模式，企业运用数据分析在发展中不断积累数据资产，这些数据资产能让企业的决策者从中发现商机并为此提供理论依据。

2）促进数据科学发展

大数据时代思维方式的变革必然引起人们改造世界的方式的变革，数据科学的兴起成为科学发展的必然。数据科学成为一门多学科交叉的新兴科学，其发展为大数据时代的人们提供了一种新的科学的世界观和方法论，成为大数据时代人们认识世界、改造世界的强有力的武器。

3）促使现代企业组织变革

大数据时代思维方式的变革不仅使得企业更加注重"以客户为中心"，也使得企业的人力资源管理模式发生着巨大的变化，如企业开始运用数据分析来进行人才的选拔和培养，从传统的基于岗位的人力资源管理模式向基于以能力为核心、能力与岗位结合的人力资源管理模式转变。总之，大数据时代思维方式的变革将进一步推动现代企业组织变革，企业将运用数据分析去更好地发展。

4）推动"透明"政府创建

大数据时代要求各国政府开放数据，建立"透明"政府，减少政府与服务对象之间的信息不对称，促进政府工作更加高效、透明与公平。思维方式的变革将有利于政府打破旧的思维模式，认识到数据开放对于提高政府决策、提升政府公信力的重要作用。基于数据驱动决策的前提是数据开放，如果没有数据开放，就无法为政府决策提供真实的数据源。只有开放的数据才能打破政府的"数据孤岛"现象，突破条块分割的数据壁垒，实现数据集成与共享。这样，利用大数据思维进行政府决策才有实现的可能性。

5）影响社会结构重组

大数据时代思维方式的变革会直接影响人们的行为模式，进而影响社会结构的变革。大数据时代思维方式的变革给我们的生产和生活带来了重大影响，这可能改变人们长期以来形成的社会集群模式和互动模式，打破原来以地域为基础的社群组织。随着移动互联网、物联网、云计算、各种传感器的广泛发展和应用，人与人、物与物、人与物之间的联系越来越紧密，世界变得越来越"小"。人们之间的联系模式不只是以往的依靠地域来开展了，更多的是基于互联网而形成的更广泛的联结。传统的社会组织与条块单元之间的边界越来越模糊，逐渐形成了以价值观、文化、利益等为基础的社群组织。

1.6.2 数据思维的应用流程

图1.3中提到的数据思维的应用是一个全局性、整体性的过程，总的来说包括提问、洞察、执行和沟通四个环节[6]。

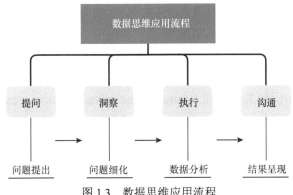

图 1.3　数据思维应用流程

1）提问

提出一个问题往往比解决一个问题更重要，因为问题直接决定着研究的方向，制约数据分析的过程，影响数据分析的结果。如何从一堆数据中找到新的研究问题，找到满足现实的需求，找到新的机会点，在过去的数据中找到未来的发展趋势并对未来做出预测？本节给出以下思路作为参考。

第一，寻找关键要素。研究事物时寻找决定该事物的关键要素是最简洁、最直接的方法。有时，在一头雾水的状况下，很难找出问题的核心。于是，需要对模糊的直觉和预感进行聚焦，将提问指向真正的痛点。比如，营销的问题核心是客户需求的满足，如果不把核心点聚焦在满足客户需求上，则市场营销活动就会产生浪费。

第二，寻找差异。寻找差异是认知事物最基本的方法。看到一组数据的第一反应就是数据间的差异，差异会引导着人们去思考差异背后存在的原因，这种反应就是数据思维的反应。

第三，寻找关系。当了解到两个现象之间具有较强的相关性之后，就可以利用一个简单的、容易获取的数据来评测另一个数据。将复杂问题简单化，从而能够更快地采取相关的措施来应对事物的恶化，或者采取必要的手段抓住一些机会。通过一个较早的数据信息来评测另外一个较晚或者较难知道的数据，就能够做好更多的准备。

第四，寻找奇异点。与统计学的思路和方法不同，大数据时代更加关注奇异点或者叫作特殊点，而奇异点往往是人们发现新方法和新思路的重要地方。比如，业务活动中业绩脱颖而出的业务员、销售过程中销量异常的几个时期等。

第五，寻找特征。人类认知事物一般通过比较识别事物的差异，比较事物的特征。当我们识别其他事物的时候，也是根据事物的特征来识别的。一般来说，可以考虑数据可视化方法帮助发现数据中隐藏的特征。

2）洞察

第一步提出的数据问题通常较为综合和复杂，往往因为宏观而无法直接着手解决。这时就需要对所研究的问题进行分析，将其拆解和转换为更微观的细节问题。其实质上就是对复杂问题的简化，使得每个子问题都能通过设计实验、收集数据或利用已有的数据进行证明、发现和构建解决方案。

一种最直接的办法就是采用前人已经总结好的问题思考框架，比如在战略分析领域有经典的 SWOT 框架、BCG 矩阵或 GE 矩阵等[①]。但是根据上述框架拆解出的子问题可能仍然太大而不能马上着手操作，还需要进一步细分。另一种方法是在大部分个性化的具体问题上，自己来找到拆解问题的框架。而这个过程就要遵循"逐层不漏不重"的原则。逐层是指拆解问题要一步一步进行，每一步只分出同一层的子问题；不漏不重是指麦肯锡金字塔理论中提到的 MECE（mutually exclusive collectively exhaustive，相互独立，完全穷尽）原则。

有些问题理论上有答案、有数据，但实际上不存在或不可得。比如说，全球人口数量理论上在某个特定时间点一定存在一个确定的数据，但在实际上并没有一个全球机构可以做到对人类所有的居住地区实现普查，所以这类数据只可能有个估计值。将原本无解的问题转换为有解问题的方法，主要是依靠事物之间的关系来转换的。有些问题可以利用事物在时间、空间上的联系来进行转换，这类方法很常见。

案例 1.3 《物种起源》中英国"猫与牛"的生态链

达尔文发现了一个有趣的现象，在英国农村凡是猫多的地方，牛羊的饲养就会比较好，畜牧业就兴旺。深入调查后，他发现原来这个现象既不是巧合，也不存在什么猫牛间童话般的友谊。英国的牛主要靠红三叶草为饲料，而红三叶草的兴衰与给它传粉的丸花蜂有很大关系。奇妙的是，丸花蜂的多少，又决定于田鼠的数量，因为田鼠吃蜂房和蜂幼虫，田鼠势旺丸花蜂便衰败。而猫吃田鼠，猫多了，田鼠就少了，丸花蜂就多了，红三叶草就兴盛了，牛就养壮了。"牛养壮了，牛肉生产量就上去了"这个案例定性地说明了事物之间的内在联系，如果把这种联系进行量化，就有可能从猫的数量来预测当地畜牧业牛肉的产出量了。

案例 1.4 正反相成

《庄子·杂篇·让王》（道家经文，由战国中期庄子及其后学所著）："以人之言而遗我粟；至其罪我也，又且以人之言"，这说的是春秋时，列子（本名列御寇，战国时期郑国人，著名的思想家、文学家）的一则小故事。列子家很贫困，常常忍饥挨饿。一位客卿对郑子阳（郑国的宰相，也有说法是郑国国君）说："列御寇是位有道之士，住在您的国中却很穷，君王恐怕有些不爱护贤能的人吧？"郑子阳于是就命令手下的官吏给列子送去许多谷子。列子见到使者后却婉拒了。使者离开后列子进屋，他的妻子埋怨他，拍着胸口说："我听说有道的人，妻子儿女都能得到安逸快乐。可如今我们都在挨饿，君王送你粮食你还不接受，难道真的命该如此吗？"列子笑着对她说："郑子阳并没有亲自了解我，只是因为别人的一番话就给我谷粮。那将来也可能听信别人的谗言就来定我的罪，所以我不能接受这种馈赠。"后来，果然郑子阳因为对人过于严苛而被其门客所杀。

3）执行

对所定义的数据问题进行拆解后，就要通过数据分析来从数据中发现信息的故事。数据分析的主要步骤可以总结为以下六步，包括数据准备、数据探索、数据表示、数据发现、数据学习和创造数据产品。了解这些步骤流程以及熟练地在数据分析中运用它们，

---

① SWOT：S，即 strengths，优势；W，即 weaknesses，劣势；O，即 opportunities，机会；T，即 threats，威胁。BCG 矩阵，即波士顿矩阵，英文全称为 Boston Consulting Group matrix。GE 矩阵，又称通用电气矩阵，英文全称为 GE matrix。

是数据思维的重要体现。

（1）数据准备。数据准备包括数据读入和数据清洗。这一步的作用是将原始数据准备成便于后续步骤处理的数据集形式。

（2）数据探索。通过检索数据来找到有用的模式和隐藏规则，发现重要的变量特征，画出简单的图，以及识别出这一批数据中有什么有意思的信息以及确定之后的研究方向。

（3）数据表示。数据表示是将各种原始变量数据，通过特定的计算机存储结构高效地转换存储在计算机中的过程，在存储空间利用和之后的利用过程中都尽量达到最优化。

（4）数据发现。数据发现是提出假设、完成验证，从而从数据集中发现特定的规律和模式的步骤。

（5）数据学习。通过统计学和机器学习的方法在数据中找到有用的模式和规律，使找到的结论尽量地能被运用到更多的数据和实际生活中，并且形成一个数据产品的雏形。

（6）创造数据产品。数据思维的最终目的是将之前步骤中得到的结果开发成一个数据产品。

4）沟通

数据分析的其他步骤都是为了让数据分析结果尽量地全面可靠，而沟通和可视化呈现的目的是让分析结果能尽量地被更多的人理解，并且能适用于更多的情况。这一过程的作用是将产品呈现给最终用户，并且接受用户的反馈、微调程序以及计划产品升级的方案。通过突出重点来完成数据产品的可视化并从中获得灵感，进而开始完成新一轮的数据科学工作。

1.6.3　数据分析的应用方法

用数据描述事物时，需要有个方法对事物进行记录，并能够回溯回去，还原事物，且能够结构化相关的数据，以方便我们对数据进行处理。现在经常采用的方法是"要素+属性+方法"的模型。

（1）要素，指事物的构成部分。一个企业组织有员工、资金、生产材料、土地、厂房、设备等可见的要素，也有隐性的要素，如制度、流程、员工关系、岗位、架构、管理诀窍、技术、专利等。

（2）属性，指描述要素特征的维度。比如，对企业的"员工"这个要素进行描述，"员工"有如下几个属性：姓名、性别、年龄（出生日期）、入职日期、学历、工作背景、专业背景、民族、身高、血型、体重等，根据具体的管理需求，可以对要素进行各种描述。

（3）方法，基于要素和属性的行为或者产生的结果。例如，灯泡有灯丝、电极等要素，灯丝有耐高温、导电（有一定的电阻）等属性，而这些要素和属性决定了灯泡通电即亮的行为，即方法。

要素、属性和方法的模型框架是人类数据化描述事物时使用的一种有效的方法。而在事物的认知上，数据思维与其他思维并没有不同，主要包括了对比法、类比法、分类法、聚类法和树形法等方法。

1.6.4　数据分析和商务决策的应用工具

从国内外数据科学家岗位的招聘要求及知名数据科学家的访谈结果可看出，数据分析和商务决策常用工具有以下几种[7]。

（1）R、Python、Clojure、Haskell、Scala 等数据科学语言工具。

（2）NoSQL、MongoDB、Couchbase、Cassandra 等 NoSQL 工具。

（3）SQL、RDMS、DW、OLAP 等传统数据库和数据仓库工具。

（4）Hadoop MapReduce、Cloudera Hadoop、Spark、Storm 等支持大数据计算的架构。

（5）HBase、Pig、Hive、Impala、Cascalog 等支持大数据管理、存储和查询的工具。

（6）Web Scraper、Flume Avro、Sqoop、Hume 等支持数据采集、聚合或传递的工具。

（7）Weka、KNIME、RapidMiner、SciPy、Pandas 等支持数据挖掘的工具。

（8）ggplot2、D3.js、Tableau、Shiny、Flare、Gephi、ECharts 等支持数据可视化的工具。

（9）Xmind、MindManager、MindMapper、iMindMap、百度脑图等思维导图编辑工具。

（10）SAS、SPSS、MATLAB 等数据统计分析工具。

1.7　数 据 行 为

1.7.1　数据行为的概念

"数据行为"这一概念学界尚没有准确的定义，但是数据行为却已经深入到了人类生产生活的各个领域和各个方面。数据分析是指导数据行为的行动范式，而数据行为也为数据分析的深化提供了现实依据和实践基础。掌握数据分析思维的最终目的是实现人类数据行为更科学化、高效化和价值化，以提高人类生产生活效率，推动社会进步。

根据有无目的性，可以将数据行为分为两类：广义的数据行为与狭义的数据行为。广义的数据行为是指一切与数据相关的行为，即在数据产生、转移、变换、销毁等过程中的所有行为都是数据行为。狭义的数据行为是指为了特定目的而参与整个数据生命周期的所有行为，即因某一目的而使数据产生、转移、变换、销毁等的行为是数据行为。两者最主要的不同之处在于数据行为是否出于数据活动主体的主观目的性。

1.7.2　数据行为的分类

数据行为一般可以从数据加工程度、数据行为主体和数据生命周期三个角度来进行分类。

（1）按数据加工程度分类：一次数据行为、二次数据行为、三次数据行为等。①一次数据行为是产生第一手数据的行为，以数据生产和数据采集为主，是客观世界数据化的过程；②二次数据行为是在一次数据行为的基础上，将现有的数据进行清洗、加工、归集等操作，将零散的数据变换为有序的数据集；③三次数据行为是以数据分析的方式得到数据深层次含义的行为。

（2）按数据行为主体分类：个体数据行为、企业团体数据行为、政府数据行为等。①个体数据行为是指某一用户在不同地点、通过不同平台进行各类数据及信息的发布、检索、浏览与获取等，并进行新一轮的数据生产以及相关附加活动的行为；②企业团体数据行为是指企业在数据生产方面与个体数据行为存在一定相似，但由于企业与个体性质不同，企业可以收集、存储并使用个体用户的数据行为；③政府数据行为是指行为本质是为了回应公民个体、社区组织、企业组织、媒体组织等公民社会需求的行政行为。

（3）按数据生命周期分类：数据生产、数据采集、数据存储、数据预处理、数据分析、数据展示、数据治理等。

1.7.3　数据行为遵循的原则

1）目的性

任何数据行为都率先要确认目标需求。在大数据时代的海量数据下，如果在数据采集、预处理之前没有一个明确目的，那么在进行数据采集时就会浪费大量财力、时间和资源去获取错误数据和不必要的数据。

2）客观性

数据行为以数据为起点，这要求用户在这一过程中必须遵循数据所展现的特征和属性来进行决策和行为选择，从海量数据中筛选出有价值的数据，发现数据背后的隐性需求，以发挥数据价值。

3）边界性

行为应当有确定的边界。数据行为更多的是涉及网络空间中的数据，数字和信息技术在给我们带来各种方便的同时，网络犯罪和道德行为的失范也在逐渐膨胀、发展。

第 2 章　数据分析采集

2.1　数据采集的原因

随着互联网产业的发展，人们开始重视大数据带来的价值，如今很多人这样开始一天的生活：开车上班时，查看手机地图避开拥堵路线；坐公交前，先查询公交车路线、站点距离、实时路况等信息；叫朋友吃饭前，先团购美食；付款时使用手机支付……"高大上"的大数据正时刻改变人们的习惯，让生活更便捷。互联网时代，数据就是金钱。金融业、制造业、零售业都已拥有大量的数据，且正以几何级增长。对于电子商务企业来说，更大的潜在机会正隐藏于人数据中，通过人数据处理分析手段对海量数据进行深度挖掘与分析，可以让企业更加了解客户需求，进而提供个性化的商品和服务。据麦肯锡调查报告，零售商接触大数据不到 3 年，却可以利用它增加营业毛利超过 60%。

坚持以人民为中心，是习近平新时代中国特色社会主义思想的重要内容，贯穿于习近平新时代中国特色社会主义思想的各个方面，具有丰富而深刻的思想内涵。习近平总书记指出："人民对美好生活的向往，就是我们的奋斗目标。""必须把为民造福作为最重要的政绩。我们推动经济社会发展，归根到底是为了不断满足人民群众对美好生活的需要。"[①]在这一思想的指引下，数据采集与分析不再仅仅是技术手段，更成为精准洞察民生需求、实现"发展为了人民、发展依靠人民、发展成果由人民共享"[②]的关键路径。通过系统性地收集和分析涵盖就业、教育、医疗、养老、住房、交通等各民生领域的数据，党和政府能够更全面、动态、深入地把握人民群众的"急难愁盼"，从而制定出更精准、更有效、更符合人民根本利益的政策与措施。

国家在民生工程中运用数据分析的成功实践，正是这一理念的生动体现。举例如下。

（1）健康医疗领域：国家卫生健康委员会通过整合分析全国各级医疗机构的就诊数据、疾病谱变化、药品使用情况等，精准识别出基层医疗服务能力不足、群众跨区域就医负担重等关键问题。这一数据洞察直接推动了"分级诊疗"制度的深化落实和优质医疗资源的下沉，引导资源向需求更迫切的地区和人群倾斜，显著提升了医疗服务的可及性和公平性，使数据真正服务于人民健康福祉。

（2）教育资源配置领域：教育部通过对适龄人口分布、入学升学率、学校布局、师

---

① 《深入理解和贯彻坚持以人民为中心（深入学习贯彻习近平新时代中国特色社会主义思想）》，https://pinglun.youth.cn/ll/202006/t20200610_12362387.htm，2020 年 6 月 10 日。

② 《深入理解坚持以人民为中心的发展思想》，http://theory.people.com.cn/n1/2023/1121/c40531-40122549.html，2023 年 11 月 21 日。

资力量等数据的动态分析,及时发现并预测了城乡之间、区域之间教育资源不均衡的"痛点"和"堵点"。基于这些分析结果,国家科学规划了新建、改扩建学校的布局,优化了教师编制和培训资源的分配,并精准实施了面向相对贫困地区和弱势群体的教育扶持项目,确保了每一个孩子都能享有更公平、更有质量的教育机会,这正是"以人民为中心"在教育政策中的具体落实。

同时,在习近平总书记关于创新驱动发展的重要论述中,强调加快实施创新驱动发展战略①。数据作为新型生产要素,其深度挖掘和应用本身就是重要的创新。通过分析海量民生数据,不仅能解决现有问题,更能前瞻性地发现新趋势、新需求,从而驱动公共服务模式创新、社会治理方式创新和产业升级,为实现国家治理体系和治理能力现代化,最终实现中华民族伟大复兴的中国梦提供强大的数据支撑和创新动力。

数据采集是数据挖掘的基础,没有数据,挖掘也没有意义[8]。很多时候,我们拥有多少数据源,多少数据量,以及数据质量如何,将决定我们挖掘产出的成果会怎样。从谷歌、亚马逊、Facebook(脸书)、LinkedIn(领英),到阿里集团、百度、腾讯,都因其拥有大量的用户注册和运营信息,而成为天然的大数据公司。而像 IBM(International Business Machines Corporation,国际商业机器公司)、Oracle(甲骨文)、EMC(Electron Machine Corporation,中文名称为易安信)、惠普这类大型技术公司纷纷投身大数据,通过整合大数据的信息和应用,给其他公司提供"硬件、软件数据"的整体解决方案。

在大数据刚开始发展的时候,谷歌就拥有了强大的数据采集能力。根据搜索研究公司 Comscore 的数据,仅 2012 年 3 月一个月的时间,谷歌处理的搜索词条数量就高达 122亿条。谷歌的体量和规模,使它拥有比其他大多数企业更多的应用大数据的途径。谷歌搜索引擎本身的设计,就旨在让它能够无缝链接成千上万的服务器。如果出现更多的处理或存储需要,抑或某台服务器崩溃,谷歌的工程师们只要再添加更多的服务器就能轻松搞定。将所有这些数据集合在一起所带来的结果是:企业不仅从最好的技术中获益,同样还可以从最好的信息中获益。谷歌不仅存储了搜索结果中出现的网络链接,还会储存用户搜索关键词的行为,它能够精准地记录下人们进行搜索行为的时间、内容和方式,坐拥人们在谷歌网站进行搜索及经过其网络时所产生的大量机器数据。这些数据能够让谷歌优化广告排序,并将搜索流量转化为营利模式。谷歌不仅能追踪人们的搜索行为,而且还能够预测出搜索者下一步将要做什么。用户所输入的每一个搜索请求,都会让谷歌知道他在寻找什么,所有人类行为都会在互联网上留下痕迹路径,谷歌占领了一个绝佳的点位来捕捉和分析该路径。换言之,谷歌能在你意识到自己要找什么之前预测出你的意图。这种抓取、存储并对海量人机数据进行分析,然后据此进行预测的能力,给谷歌带来了巨大的商业价值。

---

① 《习近平总书记关于创新驱动发展的重要论述》,https://www.ndrc.gov.cn/xwdt/ztzl/NEW_srxxgcjjpjjsx/jjsxyjqk/zyjh/dt/202401/t20240116_1363457.html,2023 年 11 月 24 日。

2.2 数据采集

数据采集又称为"数据获取"或"数据收集"，传统的数据采集是从传感器和其他待测设备等模拟和数字被测单元中自动采集非电量或者电量信号，送到上位机中进行分析、处理[9]。如今，数据采集更多的是指通过 RFID（radio frequency identification，射频识别）、传感器、社交网络、（移动）互联网、摄像头、拾音器、数码相机等方式与工具获得各种类型的结构化、半结构化以及非结构化的海量数据。

数据来源一般有交互型数据源（如社交媒体等）、传播类数据源以及机器运行类数据源。社交媒体是指人们彼此之间用来分享意见、见解、经验和观点的工具和平台，主要包括博客、微博、社交网站、微信、论坛等。社交媒体类信息多为用户生成内容，以文本、图像、音频、视频等多种虚拟化方式展现，具备使用者众多、冗余度高、难以组织等特点，主要被关注的数据源有博客、微博、即时聊天工具等。传播类数据源主要由报告、新闻类网络数据源构成，为人们提供各种较为权威的数据。其包括各种公共门户网站以及新闻媒体网站。互联网以及物联网快速发展，各种联网的机器在运行过程中产生的数据不容忽视，系统日志、各种传感器数据也成为人们采集的数据源的一部分。

在进行数据采集之前，还要对采集的数据范围进行选择，数据并非越多越好。在大多数分析项目中，数据的处理占据了总项目成本的 80%—90%，即仅有 10%—20%的资金留给实际的数据思考和分析部分。因而，大部分用例都能被精简为几个重要的数据维度，如项目分析只需要数据仓库中 20%的高相关度数据，即近 80%的相关度低的数据能够从分析中排除，这就浪费了项目总时间的 64%—72%（项目成本 80%—90%）。在采集数据的时候，有几个避免上述不必要浪费的简单规则[10]。

（1）创建一个问题树（issue tree）。它是指将整体问题分解为易处理且逻辑独立的子问题，并将该问题通过两个至三个层次呈现。最终，问题树末端的每一片叶子都代表着需要被收集的数据或信息，树的节点中包含关于应当如何分析数据的模型。其优点在于能够强制用户提出可测试假设，由此自动地使数据领域的选择变得严谨。

（2）尽量避免大数据。大数据有很大益处，但是只对 5%的用例有益。因此运作的假设前提是：首要使用小数据，除非确实需要大数据——类似法庭上的"无罪推定"（innocent until proven guilty）原则。问题树能帮助限定需要大数据的数据领域。虽然如今处理大数据对于数据存储和基于工具的数据处理来说并不会消耗太多，但是对于结构化、清理、构建跨职能的界面、管理数据流和质量、融合其他数据来源、授权以及风险来说，这种说法并不正确，这一切都需要大量的决策时间。

（3）当需要大数据时，以专业的方式进行操作，并对投资回报率进行度量。5%的用例确实需要某些层次的大数据。经验证明，许多数据领域并没有真正地赋予这种分析预期价值。未用的数据字段会在下游耗费大量的时间和财力成本，因此必须注重投资回报率，消除无价值的大数据字段，仅保留有价值的字段。

（4）建立用例的数据质量硬性标准。数据质量不过关仍是分析过程中的最大问题之一。数据缺失、数据集结构不一致、数据类型不同、相似的数据域名以及其他简单问题会导致计算有问题。

（5）保证知识产权并遵守法规要求。确定各种数据集都允许使用、准备好所有正确的合同和许可证以及了解会影响数字集的法规，这些步骤对利用数据设计商业产品很重要，避免因侵犯知识产权或违反法规而损失惨重。

（6）提前应对数据源在未来的变化。数据集并不会一成不变，事实上，当数据源自多个异构系统，而数据用例所有者缺乏对实时更新数据的访问权限时，该数据源的下游业务应用将完全丧失其使用价值。因此当开始处理一个数据集时，要确保有一个流程可与数据用例所有者一起来检查变化，不能做数据完美的假设。

（7）保留审计轨迹，并记录所得结果。由于处理数据存在风险，因而有必要确保处理团队以正确的方式处理数据集。重要的是，需要一个端对端的审计轨迹来处理数据集、数据所有权以及质量的问责、引入过程、是否利用以及如何利用数据的问题，还有数据的积累和变化。即使出现负面结果并且将数据集排除在外，也应该对处理数据集中的重要发现或原测行进行记录。

2.3　数据的格式

按数据的格式可以将数据分为结构化数据、半结构化数据与非结构化数据，弄清数据存在的格式是采集的前提。在信息社会，信息可以划分为两大类：信息能够用数据或统一的结构加以表示，称为结构化数据；信息无法用数字或统一的结构表示，称为非结构化数据[11]。

结构化数据是指具有明确数据模型、严格遵循预定义格式规范（包括数据类型、长度和约束条件）的数据类型。这类数据通常以二维表形式呈现，可通过关系型数据库实现高效存储与管理，其显著特征在于数据间的关联性和高度组织化。结构化的数据的存储和排列是很有规律的，优点是对查询和修改等操作很有帮助，缺点是它的扩展性不好。如表 2.1 所示，一般特点是数据以行为单位，一行数据表示一个实体的信息，每一行数据的属性是相同的。

表 2.1　结构化数据

ID	Name	Age	Gender
1	Si Li	20	Male
2	San Zhang	25	Female
3	Wu Wang	30	Male

注：ID 表示序号，Name 表示姓名，Age 表示年龄，Gender 表示性别，Male 表示男性，Female 表示女性

如图 2.1 所示，半结构化数据是结构化数据的一种形式，它并不符合关系型数据库或其他数据表的形式关联起来的数据模型结构，但包含相关标记，用来分隔语义元素以及对记录和字段进行分层。这种格式的优点在于可以自由地表达很多有用的信息，包括自我描述信息（元数据），扩展性很好。半结构化数据（又称自描述数据结

```
<person>
    <name>A</name>
    <age>13</age>
    <gender>female</gender>
        </person>
```

图 2.1　半结构化数据图例

构）允许同类实体具有差异化属性特征。在数据组合过程中，各实体的属性排列顺序不具有约束性，这体现了其灵活的数据组织形式。常见的半结构化数据有 XML（extensible markup language，可扩展置标语言）和 JSON（JavaScript object notation，JavaScript 对象表示法）。

非结构化数据顾名思义就是没有固定结构的数据，各种文档、图片、视频、音频等都属于非结构化数据，不方便用数据库二维逻辑表来表现。非结构化数据的格式非常多样，标准也是多样性的，而且在技术上非结构化数据比结构化数据更难标准化和理解。但是非结构化数据中有巨大的商业价值，非结构化数据遍布于企业的内外环境中，并且这些数据所反映的信息往往蕴含着诸多提高企业效益的机会，因此，将这些海量的非结构化数据通过有效的手段进行整合并挖掘其背后价值，成为指导企业决策、驱动企业价值提升的重要途径。例如，网络舆情监测平台就是采集非结构化数据并从中获取关键信息的代表，开发的网络舆情监测系统支持对海量数据的高效检索，采用自然语言分析处理技术，对抓取到的数据进行准确的分析和判断[12]，从而为政府和企业提供精准有效的互联网舆情数据服务，能够完成政府网络舆情监测、企业网络舆情监测、网络热点发现及专题搜索等任务。

2.4　数据采集的方式

数据采集是大数据的基石，用户在使用 APP、微信小程序等各种线上应用产生的行为，只有通过一定方法进行数据采集才能加以利用。如果没有数据采集这一步，数据分析决策、数据化运营都是无源之水，无本之木。

如图 2.2 所示，埋点采集方式就是通过代码详细描述某个事件或者属性，通过代码定义这个事件，比如说通过代码实现点击注册按钮、下单按钮等。在数据埋点这项工作中，数据分析师需要立足于当前的数据需求，提炼出数据指标方案，并且构思要看这些指标需要有哪些数据，这些数据也就是需要埋的点。有了初步的埋点规划之后，数据分析师还需要确定时间触发机制和上报机制，因为不同的机制意味着不同的统计口径。对于新业务来说，为了避免统计口径不一致而出现乌龙事件，最好能和之前的口径一致，以方便横向比较。除此之外，统一各个项目之间的字段命名和表结构也是一项必不可少的工作，这个步骤也是数据治理流程当中必不可少的环节。完成这些步骤之后，一份初步的埋点就差不多完成了。在和需求方对程序的反复讨论中修改完善埋点文档，将埋点文档交付程序进行埋点，在此期间数据分析师需要通过测试环境的数据验证当前埋点是否存在一定的问题，若有问题还可以在该阶段进行修改，若无问题可上线埋点事件。就埋点本身来说，技术实现的难度并不高，但整个埋点的过程十分复杂烦琐，有非常多的细节和流程需要考虑。例如，不同类型客户端如何采集、数据如何统一、哪些信息需要在客户端采集、如何减少数据上报的延时和漏报等。

常见的埋点方式主要有三种：代码埋点、全埋点和可视化埋点。

（1）代码埋点是指将业务结合到代码中，通过实现代码指令达到用户行为数据采集的目的。这种埋点方式的优点在于可以采集非常复杂的数据，尤其是一些非点击、不可

图 2.2　埋点采集数据步骤

视的行为，数据十分完整；但是缺点在于这种方式处理效率很低，需要经历完整的埋点流程，发生错漏时无法快速补救。代码埋点可以进一步分为前端埋点和后端埋点。如表2.2 所示，不同数据埋点方式有比较大的不同。

表 2.2　不同数据埋点方式比较

埋点方式	适用场景	优点	缺点
前端埋点	用于需要收集精细化数据的情况	收集更全面、精细的用户数据，尤其是不需要请求服务器的行为数据，如页面停留时长、页面浏览深度、视频播放时长等	一般存在15%左右的延迟上报和漏报（客户端未联网、数据打包上报、用户删除行为数据等原因）
后端埋点	用于需要采集非点击、不可视的行为数据，或需要整合身份信息和附带属性信息的情况	能实时采集数据，不存在延时上报；支持与用户身份信息和行为附带属性信息整合；每次上线新的埋点或更新埋点时能马上生效	无法采集发生在前端的行为数据；处理效率低

（2）全埋点，又称无埋点、无痕埋点、自动埋点。这种埋点方式想要实现的效果是全自动化埋点，将客户端的用户行为尽可能全面地采集，然后通过界面配置的方式对关键行为进行定义。使用这种方案，每次有用户行为分析的需求时，不用再走一次完整的埋点流程，只用在产品中嵌入 SDK（software development kit，软件开发工具包），就等于做了一个统一的埋点。它适用于上下文相对独立、通用的数据，主要分析点击的场景。其优点在于不需要人工介入、数据可回溯、无视新老版本；缺点在于数据量太大、分析前仍需要清洗数据、占用更多资源，无法收集业务上下游数据，且这种埋点方式适用性有限。

（3）可视化埋点，又称无码埋点。它的理念是降低实施埋点的门槛，以此来提升原工作流程的效率。实施埋点时，无需研发人员介入，产品运营可以直接在网站或移动应用的真实界面上操作埋点，而且埋点之后可以立即验证埋点是否正确，并且，埋点部署到所有客户端几乎也是实时生效的。它适用于操作交互比较固定的界面，主要分析点击的场景。优点在于不需要工程师介入、不用重新发布产品使埋点生效、可以实时测试验证、对上下游数据有一定的收集能力；缺点在于事件需要被更新时无法获取历史数据，界面变化时圈选的元素可能失效，且这种埋点方式适用性有限。

不论是采用无埋点还是埋点的方式，都需要能够将用户的每一次线上的访问过程用数据描述清楚，这是数据采集的基本目标。在实际使用情境中，可以采用"埋点+无埋点"的双模采集方式精准高效地进行数据采集。在此用一个实例进行讲解，如果一个用户打开某 APP 想要挑选喜欢的商品加入购物车然后结算，这一系列步骤中有哪些数据需要采集，又应该如何利用"埋点+无埋点"的方式进行采集呢？表 2.3 是一个比较详细的数据埋点操作案例。

表 2.3　数据埋点操作案例

用户操作步骤	数据采集方式	数据类型
打开 APP	无埋点	访问
到达 APP 首页	无埋点	页面浏览
在搜索框输入关键词搜索	无埋点	行为事件
浏览搜索结果页面	无埋点	页面浏览
点击结果页中的某商品	无埋点	行为事件
选择尺寸/颜色后加入购物车	无埋点	行为事件
统计购物车商品库存与价格	埋点	交易数据
进入结算页面	无埋点	页面浏览/行为事件
生成订单号/库存/价格/折扣	埋点	交易数据
通过支付平台完成付款	埋点	交易数据

通过以上实例，我们可以发现整个线上购物行为的数据采集需要同时用到"埋点+无埋点"的采集方式，才能完整地记录下用户的整个购物历程。实际上很多场景中，如果希望能够完成记录用户的行为数据和业务数据的操作，都需要用到这种双模采集方式进行数据采集。

2.5　数据采集方法

本节将介绍大数据时代常用的几种数据采集方法：系统日志、传感器、网络爬虫。

2.5.1　系统日志

系统日志是记录系统中硬件、软件和系统问题的信息，同时还可以监视系统中发生的事件。用户可以通过它来检查错误发生的原因，或者寻找受到攻击时攻击者留下的痕迹。日志文件是由数据源系统自动生成的记录文件，以指定的文件格式记录活动，几乎所有在数字设备上运行的应用都有日志数据。系统日志信息对于确定故障的根本原因或者缩小系统攻击范围来说是非常关键的，因为系统日志可以让用户了解故障或者袭击发生之前的所有事件。为虚拟化环境制定一套良好的系统日志策略也是至关重要的。一个原因是系统日志需要和许多不同的外部组件进行关联，良好的系统日志可以防止用户从错误的角度分析问题，避免浪费宝贵的排错时间；另外一个原因是借助于系统日志，管理员很有可能会发现一些之前从未意识到的问题。

常用的日志收集工具有 Flume、Scribe、Chukwa 和 Kafka。

（1）Flume 工具官网（http://flume.apache.org），见图 2.3。

Welcome to Apache Flume

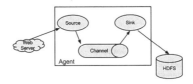

Flume is a distributed, reliable, and available service for efficiently collecting, aggregating, and moving large amounts of log data. It has a simple and flexible architecture based on streaming data flows. It is robust and fault tolerant with tunable reliability mechanisms and many failover and recovery mechanisms. It uses a simple extensible data model that allows for online analytic application.

Apache Flume
How to Get Involved
Download
Apache Flume Security
Vulnerabilities
Documentation
Releases
Mailing lists
Team
Source Repository
Testing
Apache License
Sub Projects

Resources
Flume Issue Tracking (Jira)
Flume Wiki
Getting Started Guide

Apache
Home
Sponsorship
Licenses
Thanks
Conferences
Security
Data Privacy

News

Oct 24, 2022 - Apache Flume 1.11.0 Released

The Apache Flume team is pleased to announce the release of Flume 1.11.0.

Flume is a distributed, reliable, and available service for efficiently collecting, aggregating, and moving large amounts of streaming event data.

Flume 1.11.0 is stable, production-ready software, and is backwards-compatible with previous versions of the Flume 1.x codeline.

This version of Flume adds support for deploying Flume as a Spring Boot application, adds support to the Kafka source and sink for passing the Kafka timestamp and headers, and allows SSL hostname verification to be disabled in the Kafka source and sink.

Flume 1.11.0 contains a fix for CVE-2022-42468. See the Flume Security page for more details.

The full change log and documentation are available on the Flume 1.11.0 release page.

图 2.3　Flume 工具官网

（2）Scribe 代码官网（https://github.com/facebookarchive/scribe），见图 2.4。

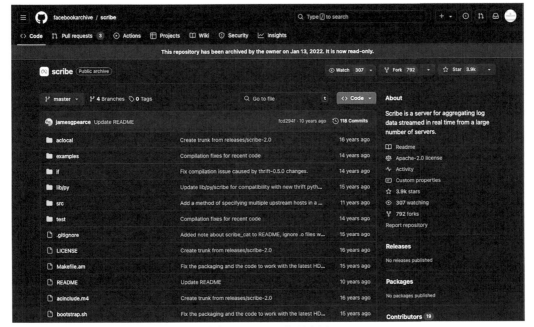

图 2.4　Scribe 代码官网

（3）Chukwa 工具官网（http://chukwa.apache.org），见图 2.5。

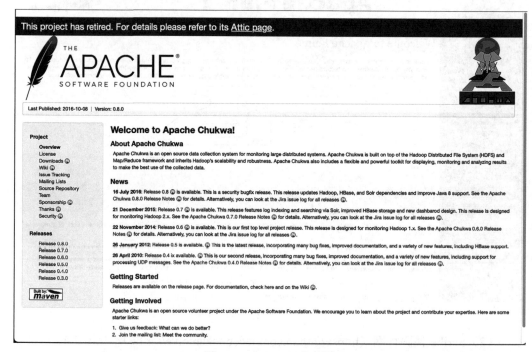

图 2.5　Chukwa 工具官网

（4）Kafka 工具官网（https://kafka.apache.org），见图 2.6。

图 2.6　Kafka 工具官网

2.5.2　传感器

传感器又叫感应器，它是一种检测装置，能感受到被测量的信息并能将感受到的信息按一定规律变换成为电信号或其他所需形式的信息输出，以满足信息的采集、传输、处理、存储、显示、记录和控制等要求。传感器常用于测量物理环境变量并将其转化为可读的数字信号以待处理[13]，包括声音、振动、电流、天气、压力、温度和距离等类型。传感器可以用于以下几个方面。

1）辅助农业生产

无线传感器网络（wireless sensor network，WSN）特别适用于以下方面的生产和科学研究。例如，大棚种植室内及土壤的温度、湿度、光照监测、珍贵经济作物生长规律分析、葡萄优质育种和生产等，可为农村发展与农民增收带来极大的帮助。采用无线传感器网络建设农业环境自动监测系统，用一套网络设备完成风、光、水、电、热和农药等的数据采集和环境控制，可有效提高农业集约化生产程度，以及农业生产种植的科学性。

2）生态环境监测

在环境监测方面，无线传感器网络可用于监视农作物灌溉情况、土壤空气情况、家畜和家禽的环境和迁移状况、无线土壤生态学、大面积的地表监测等，可用于行星探测、气象和地理研究、洪水监测等。基于无线传感器网络，可以通过数种传感器来监测降雨量、河水水位和土壤水分，并依此预测山洪暴发，描述生态多样性，从而进行动物栖息地生态监测，还可以通过跟踪鸟类、小型动物和昆虫进行种群复杂度的研究等。

3）智能交通系统

这主要包括交通信息的采集、交通信息的传输、交通控制和诱导等几个方面。无线传感器网络可以为智能交通系统的信息采集和传输提供一种有效手段，用来监测道路各个方向的车流量、车速等信息。并运用计算方法计算出最佳方案，同时输出控制信号给执行子系统，以引导和控制车辆的通行，从而达到预设的目标。

4）健康系统应用

无线传感器网络技术通过连续监测提供丰富的背景资料并做预警响应，可大大提高医疗的质量和效率。无线传感器网络集合了微电子技术、嵌入式计算技术、现代网络及无线通信和分布式信息处理等技术，能够通过各类集成化的微型传感器协同完成对各种环境或监测对象的信息的实时监测、感知和采集。

2.5.3　网络爬虫

网络爬虫即 Web Spider，又称为网络蜘蛛、网络蚂蚁、网络机器人等，其按照人们事先制定的爬取规则，可以代替人们自动地在互联网中进行数据信息的采集与整理。数据的采集是一项重要的工作，如果单纯地靠人力进行数据采集，不仅低效烦琐，采集的成本也会大大提高。在这种情况下，就可以使用网络爬虫对数据信息进行自动采集，比如应用于搜索引擎中对站点进行爬取收录、金融分析中对金融数据进行采集，还可以将网络爬虫应用于舆情监测与分析、目标客户的收集等各个领域。在利用网络爬虫爬取数据时，通常使用 Python、R、Java、PHP、C#、C/C++等编程语言，网络上也有一些可视化免编程可以利用，比如八爪鱼、火车头、后羿采集器等。

接下来利用两个实例展示一下如何利用 R 语言和 Python 进行数据采集。

案例 2.1　利用 R 语言在豆瓣网站爬取 Top250 电影的信息

网站：https://movie.douban.com/top250?start=0&filter。

代码展示如下。

```
# 使用 read_html 读取网页
# 通过 CSS 或 Xpath 获取所需要的节点并使用 html_nodes 读取节点内容
# 结合 stringr 包对数据进行清理
# 安装包
install.packages("rvest") # 运行一次就可以了

# 载入包
library(rvest) # 常用的爬虫包
# read_html( ) 读取 html 文档的函数
# html_nodes( ) 选择提取文档中指定元素的部分
# html_text( ) 提取标签内的文本

# 如果遇到问题可以用 help()函数
help('html_text')

library(RCurl) # 可以实现 HTTP 的一些功能。例如，从服务器下载文件、保
持连接、上传文件等。
library(XML)
library(stringr)
# stringr 包常用的字符串的处理以 str_开头来命名
# str_trim: 去掉字符串的空格和 TAB(\t)
# str_split: 字符串分割

# SelectorGadget:是一个很好用的开源插件，可以通过该软件获得所需数据的
标签。
# 大家去网上搜一下如何使用
# title 片名：.title:nth-child(1)
# rank 排名：em
# rate 评分：.rating_num
# ratepeople 评价人数：.rating_num~ span
# comment 评论：inq
# information 其他信息：.bd p:nth-child(1)
```

```
# ——以第一页为例——

url <- "https://movie.douban.com/top250?start=0&filter="
webpage <- read_html(url) # 排行榜的网址(10 页，每页 25 个影片)

# title 片名
title_data_html <- html_nodes(webpage, ".title:nth-child(1)")
title_data <- html_text(title_data_html)

# rank 排名
rank_data_html <- html_nodes(webpage, "em")
rank_data <- html_text(rank_data_html)
rank_data <- as.numeric(rank_data)

# rate 评分
rate_data_html <- html_nodes(webpage, ".rating_num")
rate_data <- html_text(rate_data_html)
rate_data <- as.numeric(rate_data)

# ratepeople 评价人数
ratepeople_data_html <- html_nodes(webpage, ".rating_num ~
span")
ratepeople_data <- html_text(ratepeople_data_html)
# 单数是空白字符串，双数是评价人数，评价人数信息包含汉字
# 使用 str_match 及正则表达式将其中的数字提取出来
ratepeople_data <- str_match(ratepeople_data, "[0-9]*")
head(ratepeople_data)
# 将其转为数值型，并提取非空元素获得评价人数的数据
ratepeople_data <- as.numeric(ratepeople_data)
ratepeople_data <- ratepeople_data[!is.na(ratepeople_data)]

# information 其他信息
information_html <- html_nodes(webpage, ".bd p:nth-child(1)")
information <- html_text(information_html, trim = TRUE) # trim
= TRUE: 删除首尾空格
# head(information, 3)
# 可以看出 information 的第一个元素不是我们想要的，因此我们选择从第二个
开始为 information
information <- information[2:length(information)]

page1_raw <- data.frame(title_data,rank_data,rate_data, ratepeople_
```

```
data,information)
    write.csv (page1_raw, file = '…/page1_raw.csv')

    # ——爬取所有页——

    # 豆瓣电影 Top250 共 10 页，每页 25 个影片，网址分别为：
    # https://movie.douban.com/top250?start=0&filter=
    # https://movie.douban.com/top250?start=25&filter=
    # https://movie.douban.com/top250?start=50&filter=
    # ……
    # https://movie.douban.com/top250?start=225&filter=
    # 观察发现该 10 个网址只有"start="后的数字不同，为公差为 25 的等差数列，
    # 可以将网址分为 4 部分，使用 paste 函数进行连接，并使用循环语句对 10 页的
影片信息进行爬取

    # 提取排行页面显示的有用信息：片名、排名、评分、评价人数、评论、其他信息
    # 构建数据框存放数据
    top <-data.frame()

    a <- seq(0, 225, by = 25)
    for(i in 1:10){
      url1 <- "https://movie.douban.com/top250"
      url2 <- "?start="
      url3 <- "&filter="
      url <- paste0(url1, url2, a[i], url3)
      webpage <- read_html(url)  # 排行榜的网址(10 页，每页 25 个影片)

      #title
      title_data_html <- html_nodes(webpage, ".title:nth-child(1)")
      title_data <- html_text(title_data_html)

      # rank
      rank_data_html <- html_nodes(webpage, "em")
      rank_data <- html_text(rank_data_html)
      rank_data <-as.numeric(rank_data)

      # rate
      rate_data_html <- html_nodes(webpage, ".rating_num")
      rate_data <- html_text(rate_data_html)
      rate_data <- as.numeric(rate_data)

      # ratepeople
```

```
    ratepeople_data_html <- html_nodes(webpage, ".rating_num~
span")
    ratepeople_data <- html_text(ratepeople_data_html)
    ratepeople_data <- str_match(ratepeople_data, "[0-9]*")
    ratepeople_data <- as.numeric(ratepeople_data)
    ratepeople_data <- ratepeople_data[!is.na(ratepeople_data)]

    # information
    information_html <- html_nodes(webpage, ".bd p:nth-child(1)")
    information <- html_text(information_html, trim = TRUE) # trim
= TRUE：删除首尾空格
    information <- information[2:length(information)]
    information[1]
    information <- str_split(information, "\\n")
    # 导演与演员为列表的第 1 个元素，年份、国家、类型为列表的第 2 个元素
    # 提取列表的第 1 个元素
    information1 <- sapply(information, "[", 1)
    #director 导演
    director <- str_trim(sapply(str_split(information1, "\\s{3}"),
"[", 1))
    #actor 主演
    actor <- str_trim(sapply(str_split(information1, "\\s{3}"),
"[", 2))
    # 提取列表的第 2 个元素
    information2 <- sapply(information, "[", 2)
    #year 年份
    year <- str_trim(sapply(str_split(information2, "/"), "[",
1))
    #region 国家
    region <- str_trim(sapply(str_split(information2, "/"), "[",
2))
    #category 类型
    category <- str_trim(sapply(str_split(information2, "/"),
"[", 3))

  top<-rbind(top,data.frame(title_data,rank_data,rate_data,
ratepeople_data,director,actor,year,region,category))
    }

    write.csv (top, file = '… /top250.csv')
```

爬取结果展示如下。

依据代码编写的功能，依次抓取了片名、排名、评分、评价人数、导演、主演、年份、国家、类型等数据，并汇总成了表格形式，具体结果如图 2.7 所示。

案例 2.2 利用 Python 在纵横中文网爬取《死神黑线》书籍的信息

网站：http://book.zongheng.com/book/1093012.html。

图 2.7 爬取数据截图

代码展示如下。

```
# coding = utf-8
"""

@目的：使用 selenium 爬取《死神黑线》书籍的相关数据
"""


import time
# selenium 是自动化爬虫工具包
from selenium import webdriver
# json 数据结构工具包
import json
# 导出爬取结果相关工具包
import pandas as pd
# 正则匹配工具包
import re


if __name__ == '__main__':
    # 设置程序运行起始时间
    start_time = time.time()
    # 爬虫爬取网站地址
    url = 'http://book.zongheng.com/book/1093012.html'
    # 按年-月-日的格式获取当前时间
    tm = time.strftime("%Y-%m-%d", time.localtime())
    # 设置保存爬取结果的文件名
    filename = 'result' + '_' + tm
```

```
        content = {}
        # 使用谷歌浏览器作为内核，启动浏览器
        browser = webdriver.Chrome()
        # 等待 2 秒加载完成
        browser.implicitly_wait(2)
        # 跳转到 url 指定网页
        browser.get(url)
        try:
            # 寻找到网页中 class 为 tit 的项，表示新章节
            new_chapter = browser.find_element_by_xpath('//*[@class
= "tit"]/a').text
        except:
            # 若没找到，则置为空
            new_chapter = ''
        try:
            # 寻找网页中 class 为 time 的项，并截取前 8 个字符，表示更新时间
            update_time = browser.find_element_by_xpath('//*[@class
= "time"]').text[0:8]
        except:
            update_time = ''
        try:
            # 类似上一步，截取 8 到 18 的字符，表示更新次数
            update_num = browser.find_element_by_xpath('//*[@class
= "time"]').Text [8:18]
        except:
            update_num = ''
        # 获取书籍名称
        bookname = browser.find_element_by_class_name('book-name').
text
        try:
            # 获取总字数
            words = browser.find_element_by_xpath('//*[@class =
"nums"]/span[1]/i').text
            # 获取推荐票数
            recommend = browser.find_element_by_xpath('//*[@class =
"nums"]/span[2]/ i').text
            # 获取总点击数
            click = browser.find_element_by_xpath('//*[@class =
"nums"]/span[3]/i').text
            # 获取周推荐数
```

```
            recommend_week  =  browser.find_element_by_xpath('//*
[@class = "nums"]/span[4]/i').text
        except:
            words = ''
            recommend = ''
            click = ''
            recommend_week = ''
        try:
            # 获取排名
            rank = browser.find_element_by_xpath('//*[@class = "fr
rank-r"]/span/i[@class = "a1"]').text
        except:
            rank = ''
        try:
            # 获取投票数
            vote = browser.find_elements_by_xpath('//*[@class = "fr
rank-r"]/span/I[@class = "a2"]')[0].text
        except:
            vote = ''
        try:
            # 获取书籍圈子链接
            post_link  =  browser.find_element_by_class_name('all-
in').get_attribute('href')
        except:
            post_link = 'none'
        # 如果链接不为空，则进行跳转
        if post_link != 'none':
            driver = webdriver.Chrome()
            driver.get(post_link)
            try:
                # 获取圈子中帖子数
                posts_num  =  driver.find_element_by_xpath('/html/
body/div[2]/div[4]/div[1]/div/div[2]/span[1]').text[3:]
                # 获取圈子中粉丝数
                followers  =  driver.find_element_by_xpath('/html/
body/div[2]/div[4]/div[1]/div/div[2]/span[2]').text[2:]
            except:
                posts_num = ''
                followers = ''
            driver.quit()
        else:
            posts_num = ''
```

```
        followers = ''
    try:
        # 获取新章节的链接
        new_chapter_url = browser.find_element_by_xpath ('/html/
body/div[2]/div[5]/div[1]/div[1]/div[2]/div[1]/a').get_attribut
e('href')
    except:
        new_chapter_url = 'none'
    browser.quit()
    # 汇总所有结果
    content = {'bookname': bookname, 'update_time': update_time,
'update_num':  update_num,  'new_chapter':  new_chapter,'words':
words, \
        'recommend': recommend, 'click': click, 'recommend_week':
recommend_week, 'rank': rank, 'vote': vote, 'posts_num': posts_num,
'followers': followers}
        print(content)

        # 将汇总结果写入文件中保存
        with open('school/bookcontent/result/' + filename + '.txt',
'a+', encoding='utf-8') as f:
            f.write(json.dumps(content, ensure_ascii=False) + '\n')

        # 获取程序运行结束时间
        end_time = time.time()
    print('run time:', end_time - start_time)
```

第3章 数据存储与处理技术

在大数据时代，越来越多的人意识到数据作为一种资产的重要性，因此，数据存储的重要性不言而喻。何为数据存储？即一个存储库持久地存储和管理数据的集合。本章从传统数据存储的存储设备和存储架构讲起[14]，继而延伸到大数据时代的云存储和分布式存储技术，并针对数据库管理系统（database management system，DBMS）进行深入讲解，帮助读者更好地理解和把握用户需求，清楚什么样的方法和功能能够更好地帮助我们从容应对云计算、大数据、社交网络带来的新挑战。

3.1 传统数据存储

1956 年，IBM 造出第一块硬盘，计算机的外部存储系统开始发展。从 1956 年到如今，存储介质和存储系统飞速发展。IBM 于 1956 年推出的 RAMAC（random access method of accounting and control，会计与控制随机存取方法）305 系统创造了历史，其配备的首款硬盘存储容量仅为 5MB①。作为计算机存储技术的里程碑，这一创新为现代硬盘发展奠定了基础。之后随着存储产业的不断变革，新的存储产品和技术架构开始普及。

3.1.1 存储设备

存储设备是用于储存信息的设备，通常是将信息数字化后再以利用电、磁或光学等方式的媒体加以存储。从存储技术的观点来看，存储设备可以分为随机存储存取器（random access memory，RAM）、磁盘和磁阵列、存储级存储器。

1）RAM

RAM，也称为内存，是计算机数据的一种存储形式，可随时读写，且速度快，通常作为操作系统或其他正在运行中的程序的临时数据存储，但在断电时所存储的数据会丢失。所以 RAM 在计算机和数字系统中用来暂时存储程序、数据和中间结果。

2）磁盘和磁阵列

磁盘[如硬盘驱动器（hard disk drive，HDD）]是现代存储系统的主要部件，由一个或多个快速旋转的碟片构成，通过移动驱动臂上的磁头，从碟片表面完成数据的读写。HDD 断电后硬盘还能保留数据信息，这点优于 RAM，并且 HDD 单位容量成本更低，但是硬盘的读写速度不如 RAM。此外，由于单个高容量磁盘的成本较高，因此磁盘阵列将大量磁盘整合以获取高容量、高吞吐率和高可用性。

---

① MB，即 megabyte，兆字节。

3）存储级存储器

存储级存储器是指非机械式存储媒体，如闪存。闪存通常用于构建固态驱动器（solid state drives，SSD），SSD 没有类似于 HDD 的机械部件，运行安静，访问时间和延迟更短。但 SSD 的单位存储成本要高于 HDD。

3.1.2　存储架构

存储架构是指组织中整体 IT 设施的存储部分的架设方式。从网络体系的观点来看，存储系统主要有三种架构：直连式存储（direct-attached storage，DAS）、网络附加存储（network attached storage，NAS）、存储区域网络（storage area network，SAN）。

1）直连式存储

直连式存储是一种通过 SCSI（small computer system interface，小型计算机系统接口）直接将存储介质连接到主机上的存储方式，在存储设备和主机之间通常没有任何网络设备的参与。直连式存储适用于一台包含大量数据存储能力的设备（如磁盘阵列）与一个数据使用设备（如数据处理服务器）通过数据传输接口相连的情况下，常用的传输接口有 SCSI和 FC（fibre channel，光纤通道）。直连式存储的存储技术架构如图 3.1 所示。

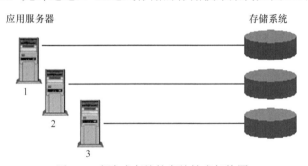

图 3.1　直连式存储的存储技术架构图

2）网络附加存储

网络附加存储如图 3.2 所示，存储设备通过网络交换机连接存储系统和服务器主机，是一种将分布、独立的数据进行整合，集中管理数据的存储技术，实现为不同主机和应用服务器提供文件级存储空间的存储结构。从使用者的角度，网络附加存储是一种采用IP 连接到局域网（local area network，LAN）的文件共享设备。网络附加存储提供基于文件的数据访问和共享，允许用户通过网络存储资源，使客户能够以更低的管理成本，享受更快的数据响应速度和更高的带宽。

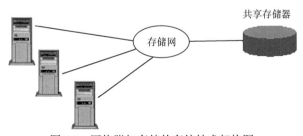

图 3.2　网络附加存储的存储技术架构图

3）存储区域网络

存储区域网络是用来在计算机系统和存储单元之间进行数据传输的网络系统。

存储区域网络通过光纤交换机、集线器等高速网络设备在服务器和磁盘阵列等存储设备间建立直接连接，搭建高性能的存储系统网络（图 3.3）；常用于具有大数据存储能力的存储设备（如磁盘阵列、磁带库、光盘机等），通过高速交换网络连接在数据处理服务器上，数据处理服务器可以像访问本地盘数据一样对存储设备进行高速访问。

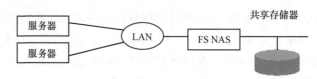

图 3.3　存储区域网络的存储结构图

FS，即 file server，文件服务器；NAS，即 network attached storage，网络链接存储

3.2　大数据时代数据存储

人类文明演进史与数据应用密不可分。通过系统化的数据分析产生的量化结论，为社会发展决策提供了科学依据，持续指引着人类活动的优化方向。人类文明进入计算机时代，特别是数据库和文件系统技术出现以后伴随着应用数学的长足进步，数据的管理和处理有了更为高效的辅助工具，本节主要介绍大数据时代的大数据存储系统特点，以及分布式存储和云存储。

3.2.1　大数据存储系统特点

现如今，大数据存储系统具备以下特点。

1）大容量及高可扩展性

大数据存储系统可存储 PB 级甚至 EB 级的数据量，社交网站、科学研究数据、在线事务、系统日志及传感和监控数据等成为大数据的主要来源，尤其是社交类网站的兴起，更加快了数据增长的速度。比如，截至 2012 年，Instagram（照片墙）网站每天用户上传的图片数量高达 500 百万张。因此，除了巨大的存储容量外，大数据存储还必须拥有一定的可扩容能力。扩容包括纵向扩展（scale-up）和横向扩展（scale-out）两种方式，鉴于前者扩容能力有限且成本一般较高，因此能够提供横向扩展能力的大数据存储已经成为主流趋势。

2）高可用性

对于大数据应用来说，数据是其价值所在，因而存储系统的可用性至关重要。平均无故障间隔时间（mean time between failures，MTBF）和平均维修时间（mean time to repair，MTTR）是衡量存储系统可用性的两个主要指标。传统存储系统一般采用磁盘阵列数据通道冗余等方式保证数据的高可用性和高可靠性。除了这些传统的技术手段外，大数据存储还会采用其他技术。比如，分布式存储系统采用简单明了的多副本来解决数据冗余问题。

3）高性能

在评价大数据存储性能时，吞吐率、延时和 IOPS（input/output operations per second，每秒读写操作次数）是其中几个最重要的指标。对于一些实时事务分析系统，存储的响应速度至关重要，而在其他一些大型应用场景中，每秒处理的事务数则可能是最重要的影响因素。

4）安全性

数据巨大的潜在商业价值让数据安全对于企业来说至关重要。数据的安全性体现在存储如何保证数据完整性和持久化等方面。在云计算、云存储行业风生水起的大背景下，如何在多租户环境中保护好用户隐私和数据安全成了大数据存储面临的一个亟须解决的新挑战。

5）自管理和自修复

随着数据量的增加和数据结构的多样化，大数据存储的系统架构也变得更加复杂，管理和维护便成了一大难题。这个问题在分布式存储中尤其突出。因此，能够实现自管理和自修复将成为大数据存储系统的重要特性之一。

6）访问接口的多样化

同一份数据可能会被多个部门、用户或者应用来访问、处理和分析，不同的应用系统、事务可能会采用不同的数据访问方式。因此，大数据存储系统需要提供多种接口来应对不同的应用系统。目前主流的数据访问接口有传统的文件系统接口、REST（representational state transfer，描述性状态转移）接口等。

3.2.2　分布式存储

当处理大数据量或是高并发数据任务时，分布式存储系统是很好的选择。因为它可以让多台服务器协同工作，将数据分散，从而完成单台服务器无法处理的任务。传统的存储系统是用集中的存储服务器存储所有数据，导致存储服务器成为系统性能的瓶颈，也是可靠性和安全性的焦点，不能满足大规模存储应用的需要。分布式网络存储系统利用多台存储服务器分担存储负荷，利用位置服务器定位存储信息，不但提高了系统的可靠性、可用性和存取效率，还易于扩展。分布式系统的代表有：谷歌的 GFS（Google file system，谷歌文件系统）、Apache 的 HDFS（Hadoop distributed file system，Hadoop 分布式文件系统）。

如图 3.4 所示，"分布式"指代了一种独特的系统架构类型，这种系统架构是由一组通过网络进行通信、为了完成共同的任务而协调工作的计算机节点组成。其目的是利用更多的机器，处理更多的数据。分布式存储长期大规模应用于互联网，主要追求扩展性和低成本，随着其进入传统企业市场，逐步开始构建企业级存储能力。

分布式存储的诞生有着很强的优越性，主要体现在灵活性、速度、成本等方面。①灵活性方面，分布式存储系统使用强大的标准服务器（在 CPU、RAM 以及网络连接/接口中），它不再需要专门的盒子来处理存储功能。而且允许标准服务器运行存储，这是一项重大突破，这意味着可以简化 IT 堆栈并为数据中心创建单个构建块，通过添加更多服务器进行扩展，从而线性地增加容量和提高性能。②速度方面，如果研究一个专门的存储

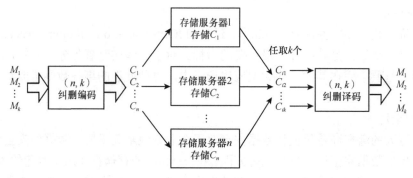

图 3.4 分布式存储

阵列，就会发现它本质上是一个服务器，但是只能用于存储，为了拥有快速存储系统，要花费的成本非常高。即使在今天大多数系统中，当为存储系统进行扩展时，也不会提高整个系统的性能，因为所有流量都必须通过"头节点"或主服务器（充当管理节点）。但是在分布式存储系统中，任何服务器都有 CPU、RAM、驱动器和网络接口，它们都表现为一个组。因此，每次添加服务器时，都会增加总资源池，从而提高整个系统的速度。③成本方面，分布式存储组织将最大限度地降低基础设施成本（高达 90%）。驱动器和网络所花费的成本非常低，极大地提高了服务器的使用效率，同时，数据中心所花费的电力、所占空间等费用也减少了，管理起来更加方便，所需要的人也更少。这也是如今各大公司都在部署分布式存储的原因。

3.2.3 云存储

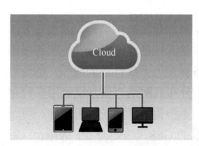

图 3.5 云存储示意图

如图 3.5 所示，云存储是伴随着云计算技术的发展而衍生出来的一种新兴的网络存储技术，提供了"按需分配、按量计算"的数据存储服务，云存储的运营商负责数据中心的部署、运营和维护等工作，将数据存储包装成为服务的形式提供给客户，改变了以往数据主要集中在本地存储和处理的传统模式，企业和个人用户无须再投入大量购置硬件等设施的成本，就能够方便快捷地通过网络根据需求访问计算与存储等功能。

从 2006 年亚马逊发布 AWS（Amazon web services，亚马逊网络服务）后，微软、谷歌、阿里集团、百度、华为都发布了云平台服务，同时 OpenStack 作为云平台开源领域的先锋也得到了业界的广泛认可。对于云平台下的存储，亚马逊首先推出了 S3（simple storage service，简单存储服务），自此不断推出云的块服务、云的文件服务；当前云存储已经成为存储领域的一股颠覆性力量，为存储的使用和消费提供了全新模式。云存储是指通过网络技术、分布式文件系统、服务器虚拟化、集群应用等技术将网络中海量的异构存储设备构成可弹性扩张、低成本、低能耗的共享存储资源池，共同对外提供数据存储和业务访问功能的一个系统。

整体来看，云存储具备以下几个特征。

（1）以服务接口访问存储，不用感知软件提供商。

（2）归运营商所有、用户租用模式。

（3）采用"按用量付费"（pay-per-use）模式。

（4）按需分配。

云计算时代，云存储也是可以为数据库应用提供存储功能的方式之一。在云端部署架构中，云存储服务通常与数据库即服务（database as a service，DBaaS）采用一体化部署方案，形成完整的云端数据管理解决方案。云存储要求弹性扩展、高可用、高性能、多租户和 QoS（quality of service，服务质量），以服务器、数据库、外置存储为代表的分离式部署模式适应不了云计算的弹性横向扩展。随着技术发展，计算与存储架构经历了从分离到重新融合的演进过程，这一趋势催生了软件定义存储（software defined storage，SDS）等新型架构模式。数据的爆炸式增长和大数据的"4V"特征都对数据存储和管理提出了新挑战。在这一阶段，重点研究的是 EB 级大规模存储系统、数据高可用性方法、高效智能存储技术，以及新型的计算存储融合系统、面向内存的存储和应用感知存储。目前很多分布式文件系统都在朝云方向发展，诸如华为公司的 OceanStor 9000 等。

经过不断发展，云存储服务已从最初单一的 Amazon S3 发展成多种类型服务，按照部署模型可划分为公共云存储、私有云存储以及混合云存储。

1）公共云存储

公共云存储由专门的网络服务商提供，面向多用户，专为大规模客户群而设计，不仅可以数据共享，还能提供数据隔离，保证用户数据的安全，如 Amazon S3、Dropbox、坚果云、搜狐企业网盘、百度云盘、360 AI 云盘等。

2）私有云存储

私有云存储是为用户单独构建的云存储服务，它可以位于企业网络防火墙之内，也可以位于防火墙之外，甚至是在互联网上。私有云存储可以由企业自己来专门构建和管理，也可以交给专门的网络服务商管理，还可以由网络服务商在所提供的公共云存储系统上划分出一部分来构建和管理。

3）混合云存储

混合云存储把公共云存储和私有云存储结合在一起，主要用于客户要求的访问，特别是需要临时配置容量的时候。在混合云存储使用过程中，把安全性要求高以及使用频繁的数据存储于本地系统，其他的需要共享或者一般性的数据存储于公共云存储系统中，既保证了系统运行的高速和安全，也达到了扩展存储与数据共享的目的。由于数据到底存储于本地还是公共云存储系统需要一种有效的判断机制，而且需要系统能够智能地处理这一问题，所以混合云存储的管理相对复杂。

3.3　数据管理技术的发展历程

随着数据库技术的发展和应用，进入 20 世纪 90 年代，常见的大型数据库存储的数据量已达到数十甚至上百 GB 级，一方面用户不仅希望仍然能快速地从千万条记录中检索出结果数据集，另一方面也期望从大规模的历史数据中挖掘出有价值的信息，这一切对当时的计算处理和存储能力来说是一个难题，时代催生计算软件和硬件架构、数据管理理论进行变革发展。

1）人工管理

1790 年，美国举行了一次全国性人口普查，当时美国经济处于迅速发展阶段，人口流动频繁，需要统计的项目繁多，如年龄、性别等，再加上统计手段落后，数据调查、处理时间很长，直到快进行第二次人口普查时，美国政府才得知第一次人口普查的状况。这个时期数据的概念初步形成，但数据相关工作全靠人工，数据管理工作非常困难。

20 世纪 40 年代至 50 年代初期，这一阶段是计算机系统的发展初期，外部存储设备只有纸带、卡片等，数据只能顺序存取，没有直接存取数据的外部存储器。1953 年，出现磁鼓存储器。20 世纪 50 年代后期，出现磁芯存储器，才有了直接存取的设备，但一套系统的最大容量也只有 5 MB，作为计算机内存使用。由于存储设备容量的制约，需要管理的数据量小，也限制了用计算机管理数据的应用要求，这一阶段由人工直接管理数据。

2）文件系统

20 世纪 50 年代中期至 60 年代中期，这一阶段是半导体技术、计算机外部设备迅速发展的时期。1956 年，出现磁盘存储器，磁鼓存储器逐渐被淘汰。磁盘存储器的容量迅速发展，单个磁盘容量从几 MB 到百 MB，作为二级存储设备。更多的信息存储在磁带中，大容量外围设备磁带作为后备（第三级）的顺序存储设备，被许多大型商业企业作为重要的信息存储设备，计算机应用也由科学研究扩展到数据处理和数据管理应用并重。随着数据量的迅速增长，出现了利用计算机系统自动管理数据的强烈要求，新的数据应用系统迅速发展，这些系统将计算机中的数据组织成独立的数据文件，按文件名称进行数据访问，对数据文件中的记录进行存储、修改、插入和删除，这一阶段形成了独立存储数据文件记录，也描述了文件内各种数据间相对固定的数据格式。但是从整体来看，数据依赖于特定的应用处理程序，数据之间也缺乏逻辑组织，无统一的描述形式，无系统化的整体结构。因此数据的共享性、独立性差，冗余度大。

20 世纪 60 年代中期还未形成软件的整体概念，计算机的操作系统还没有出现，也缺乏统一管理数据的软件。应用处理要求的增加和数据格式的变化，导致应用程序反复修改，数据管理和应用程序的维护代价也迅速增加。当时的数据库处理技术较为落后，软件也没有成为独立的学科，常常发生计算机应用系统不能按时提交的情况，出现了"软件危机"的现象。为解决这些问题，科技工作者借助系统化和工程化的思想，开始研究数据模型和数据管理的理论和技术。

3）数据库系统

在"软件危机"中诞生的软件学科——数据库技术作为软件的一个分支应运而生，相关学者在数据库技术的理论研究和系统开发上都取得了辉煌的成就，数据库系统已经成为现代计算机系统的重要组成部分，截至现在，单个磁盘的容量甚至可达 100 TB，为数据库系统的应用奠定了硬件基础。特别是数据库管理系统的出现，加快了数据库系统应用的步伐。

4）NoSQL 数据库

进入 21 世纪，随着 Web 2.0 技术的发展，社交网络、电子商务、生物工程等各领域数据呈现爆炸式增长，数据类型也从结构化数据转变为海量的半结构化以及非结构化数据，传统关系型数据库显得越来越力不从心。为了解决大数据存储管理的难题，NoSQL 数据库出现在人们的视野中。后文会详细介绍 NoSQL 数据库。

3.4　数据库技术

数据库是一个可以存储的数据的集合，并且里面的数据可以轻易获取，为了管理数据库，用户使用一种叫作数据库管理系统（或 DBMS）的软件应用。用户连接到一个 DBMS 然后下达查询或者修改数据的指令，DBMS 就会执行用户的指令并返回结果。

数据库主要分为关系型数据库和非关系型数据库，后者也被称为 NoSQL。在关系型数据库中用户把数据存储在利用关系互相链接的表中，每一类表会储存特定关系的数据，如顾客、产品、订单等，SQL（structure query language，结构化查询语言）就是我们用来处理这些关系型数据库的语言。在非关系型数据库中，用户没有表或者关系，非关系型数据库无法读取 SQL 语言，其有自己的查询语句，与此同时，用户可以使用 SQL 来处理关系型数据库。

本节主要介绍典型的关系型数据库和非关系型数据库。

3.4.1　关系型数据库

关系型数据库是创建在关系模型基础上的数据库，借助于集合代数等数学概念和方法来处理数据库中的数据。

关系模型是由 Edgar F. Codd（埃德加·弗兰克·科德）于 1970 年首先提出的。现实世界中的各种实体以及实体之间的各种联系均用关系模型来表示。简单来说，关系模型指的就是二维表格模型，而一个关系型数据库就是由二维表及其之间的联系所组成的一个数据组织。现如今随着非关系型数据库（如 NoSQL 数据库）的崛起，虽然对此关系模型有一些不同意见，但它还是数据存储的传统标准。标准数据查询语言 SQL 就是一种基于关系型数据库的语言，这种语言执行关系型数据库中数据的检索和操作的命令。主流的关系型数据库有 Oracle、DB2. Microsoft SQL Server、Microsoft Access、MySQL 等。

关系模型常用的概念有以下几种。

（1）关系：可以理解为一张二维表，每个关系都具有一个关系名，就是通常说的表名。

（2）元组：可以理解为二维表中的一行，在数据库中经常被称为记录。

（3）属性：可以理解为二维表中的一列，在数据库中经常被称为字段。

（4）域：属性的取值范围，也就是数据库中某一列的取值限制。

（5）关键字：一组可以唯一标识元组的属性，数据库中常称为主键。

（6）关系模式：指对关系的描述。其格式为：关系名（属性 1，属性 2，……，属性 N），在数据库中称为表结构。

例如，表 3.1 雇员关系是 5 元关系，有 3 个元组。

表 3.1 雇员关系

雇员号	姓名	级别	部门号	入职日期
001	小明	1	1	2021-10-10
002	小王	2	2	2020-10-12
003	小红	3	1	2018-10-14

关系型数据库管理系统在写入或更新资料的过程中，为保证事务是正确可靠的，必须具备的四个特性（ACID 理论）如下。

（1）原子性（atomicity）。整个事务的所有操作，要么全部完成，要么全部不完成，不可能停滞在中间某个环节。如果事务在执行过程中发生错误，那么被回滚到事务开始前的状态，就像这个事务从来没有执行过一样。

（2）一致性（consistency）。在事务开始之前和事务结束之后，数据库的完整性约束没有被破坏。

（3）隔离性（isolation）。隔离状态执行事务，使它们好像是系统在给定时间内执行的唯一操作。如果有两个事务，运行在相同的时间内，执行相同的功能，事务的隔离性将确保每一事务在系统中认为只有该事务在使用系统。为了防止事务操作间的混淆，必须串行化或序列化请求，使得在同一时间仅有一个请求用于同一数据。

（4）持久性（durability）。在事务完成之后，该事务对数据库所做的更改便持久地保存在数据库之中，并不会被回滚。

由于一项操作通常会包含许多子操作，而这些子操作可能会因为硬件的损坏或其他因素产生问题，要正确实现 ACID 并不容易。目前主要有两种方式实现 ACID：第一种是写数据前写日志（write ahead logging），也就是日志式的方式（在更新/写之前先用日志形式记录即将要做的变化），目前大部分数据库系统使用这种方式来保证 ACID；第二种是影子分页（shadow paging），即通过新分配一个存储空间单元进行复制/写（copy-on-write）操作，在更新完之后再原子性切换到新的数据记录。

3.4.2 非关系型数据库

非关系型数据库其实是相对于关系型数据库而言的，关系型数据库通常都是处理一些结构化的数据，这些数据通常都有某些对应关系；而非关系型数据库通常用于存储那些类型不固定的，也没有什么规律的数据。以下重点介绍 NoSQL 数据库。

假设你正在尝试为商品建立目录，你想在其中存储有关具有各种属性的不同产品的信息。例如，不同产品的属性通常不同。药品具有有效期，但冰箱具有能量等级。在这种情况下，数据不能表示为表格。这意味着我们需要使用 NoSQL 数据库。

NoSQL 即 Not Only SQL，意即"不仅仅是 SQL"，是对不同于传统的关系型数据库的数据库管理系统的通称，泛指非关系型数据库，即适合使用关系型数据库的就使用关系型数据库，不适用的时候可以考虑使用更加合适的数据存储方式。两者存在许多显著的不同点，其中最重要的是 NoSQL 不使用 SQL 作为查询语言，其数据存储可以不需要固定的关系模式，也经常会避免使用关系模型中的 JOIN（连接）操作，具有水平可扩展性的特点。NoSQL 数据库作为一种易于横向扩展、非关系型、分布式的数据库应运而生。NoSQL 数据库本身分为 KV（key-value，键-值）数据库、面向文档（document oriented）数据库、图形数据库（graph DB）等几个主要类型，它们的共性是不需要固定的关系模式。NoSQL 数据库易于满足极高读写性能需求，易于满足海量文档存储和访问，易于满足高扩展性和高可用性，适于面向分布式计算的业务处理。对于 NoSQL 而言，数据不再局限于计算机原始的数据类型，如整数、浮点数、字符串等，而可能是整个文件。从某种意义上讲，NoSQL 可作为 Web 应用服务器、内容管理器、结构化的事件日志、移动应用程序的服务器端和文件存储的后备存储。

　　NoSQL 数据库的理论基础是 CAP（consistency、availability、partition tolerance，一致性、可用性、分区容错性）理论；BASE（basically available、soft state、eventually consistency，基本可用性、软状态、最终一致性）理论。

　　1）CAP 理论

　　2000 年，美国著名科学家、加利福尼亚大学伯克利分校 Eric Brewer（埃里克·布鲁尔）教授提出了 CAP 理论，后来，美国麻省理工学院的两位科学家 Seth Gilbert（赛思·吉尔伯特）和 Nancy Lynch（南希·林奇）证明了 CAP 理论的正确性。CAP 理论的核心思想是分布式系统不能同时满足一致性、可用性和分区容错性的要求，最多可以同时满足这三个要求中的两个。如图 3.6 所示。

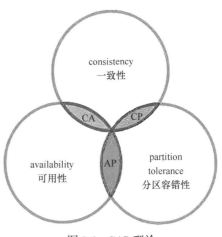

图 3.6　CAP 理论

　　（1）一致性是指系统在执行过某项操作后仍然处于一致的状态。在分布式系统中，所有数据库集群节点在同一时间点看到的数据完全一致，即所有节点能实时保持数据同步。

　　（2）可用性是指要求其读写操作必须一直是可用的，即使集群一部分节点故障，集群整体还能正常响应客户端的读写请求。

　　（3）分区容错性可以理解为系统在存在网络分区的情况下仍然可以接受请求，继续运行。这里网络分区是指由于某种原因网络被分成若干个孤立的区域，而区域之间互不相通。还有一些人将分区容错性理解为系统对节点动态加入和离开的处理能力，因为节点的加入和离开可以认为是集群内部的网络分区。

　　2）BASE 理论

　　BASE 由 eBay 工程架构师 Dan Pritchett（丹·普里切特）提出。BASE 是对 CAP 中一致性和可用性权衡的结果，源于提出者自己在大规模分布式系统上的实践的总结。其核心思想是应用无法做到强一致性，但每个应用都可以根据自身的特点，采用适当的方式达到最终一致性。

　　（1）基本可用性。这是指一个分布式系统的一部分发生问题变得不可用时，其他部分仍然可以正常使用，也就是允许分区失败的情形出现，在一定程度上牺牲了可扩展性。比如，一个分布式数据存储系统由 10 个节点组成，当其中 1 个节点损坏不可用时，其他 9 个节点仍然可以正常提供数据访问，那么，就只有 10%的数据是不可用的，其余 90% 的数据都是可用的，这时就可以认为这个分布式数据存储系统"基本可用"。

（2）软状态。软状态是与硬状态相对应的一种提法。数据库保存的数据是硬状态时，可以保证数据一致性，即保证数据一直是正确的。软状态是指状态可以有一段时间不同步，具有一定的滞后性。

（3）最终一致性。这一特性是指保证数据在最终是一致的，而无须保证数据实时一致。一致性的类型包括强一致性和弱一致性，二者的主要区别在于在高并发的数据访问操作下，后续操作是否能够获取最新的数据。对于强一致性而言，当执行完一次更新操作后，后续的其他读操作就可以保证读到更新后的最新数据；反之，如果不能保证后续访问读到的都是更新后的最新数据，那么就是弱一致性。而最终一致性只不过是弱一致性的一种特例，允许后续的访问操作可以暂时读不到更新后的数据，但是经过一段时间之后，必须最终读到更新后的数据。最终一致性也是 ACID 的最终目的，只要最终数据是一致的就可以了，而不是保持实时一致。

NoSQL 数据库的存储模型有键值存储、列式存储、文档存储和图形存储。

（1）键值存储。键值存储模型主要思想来自哈希表：在哈希表中有一个特定的 key（键）和一个 value（值）指针，指向特定的数据。键值存储的代表有：Redis、MemcacheDB、Voldemort。

键值模型对于海量数据存储系统来说，最大的优势在于数据模型简单、易于实现，非常适合通过 key 对数据进行查询和修改等操作。但是如果整个海量数据存储系统需要更侧重于批量数据的查询、更新操作，则在效率上处于明显的劣势。

（2）列式存储。列式存储主要使用类似于"表"这样的传统数据模型，但是它并不支持类似表连接这样多表的操作。它的主要特点是在存储数据时，主要围绕着"列"（column），而不是像传统的关系型数据库那样根据"行"（row）进行存储。也就是说，属于同一列的数据会尽可能地存储。在硬盘同一个页（page）中，而不是将属于同一行的数据存放在一起。这样将会节省大量 I/O（input/output，输入输出）操作。列式存储的代表有：Cassandra、HBase。

（3）文档存储。1989 年，IBM 通过其 Lotus 群件产品 Notes 提出了数据库技术的全新概念——文档数据库，文档数据库有别于传统数据库，它是一种用来管理文档的数据库，主要的存储格式有人们所熟知的 XML、HTML（hyper text markup language，超文本标记语言）、JSON 等。

文档存储的目标是在键值存储方式（提供高性能和高伸缩性）和传统的关系数据系统（丰富的功能）之间架起一个桥梁，集两者的优势于一身。在传统的数据库中，信息被分割成离散的数据段，而在文档数据库中，文档是信息处理的基本单位。一个文档可以很长、很复杂，也可以很短，甚至可以无结构。文档存储的代表有：CouchDB、MongoDB。

（4）图形存储。图形存储即语义网采用的网络结构，采用图结构存储数据可以应用图论算法进行各种复杂的运算，如最短路径计算、测地线、集中度测量等。图形存储的代表有：Neo4j、InfoGrid、Infinite Graph。

一个网络图结构主要包含节点、关系（具有方向和类型，在节点与节点之间可以连接多条边）以及节点和关系上面的属性这几个构造单元。

NoSQL 四种存储方式应用场景如表 3.2 所示。

表 3.2 NoSQL 四种存储方式应用场景

分类	举例	典型应用场景
键值存储	Redis，MemcacheDB，Voldemort	内容缓存
列式存储	Cassandra，HBase	应对分布式存储的海量数据
文档存储	CouchDB，MongoDB	Web 应用（可看作键值存储的升级版）
图形存储	Neo4j，InfoGrid，Infinite Graph	社交网络、推荐系统等，构建关系图谱

3.4.3 关系型数据库和非关系型数据库对比

关系型数据库是把复杂的数据结构归结为简单的二元关系（即二维表格形式）。在关系型数据库中，对数据的操作几乎全部建立在一个或多个关系表格上，通过关联表格的分类、合并、连接和选取等数据操作，实现结构化数据的有效管理。而由于数据类型多种多样，关系型数据库并不适用于所有的数据，因此针对不同的数据类型，出现了不同的非关系型数据库，非关系型数据库的产生并不是要彻底否定关系型数据库，而是作为传统数据库的有效补充。具体对比如表 3.3 所示。

表 3.3 关系型数据库和非关系型数据库对比表

对比项	关系型数据库	非关系型数据库
数据存储	关系表	数据集（键值 JSON 文档/哈希表/其他）
模式结构	结构化、提前定义表结构	动态调整模式，非结构化
扩展方式	纵向拓展，提高处理能力	横向扩展，增加分布式节点
数据查询	标准通用的查询语言 SQL	非标准非结构化的查询语言（UnQL）
关键特性	ACID	CAP、BASE
主要优势	结构化、事务处理、易于维护使用	扩展性、灵活调整、大数据分析
主要劣势	扩展性、高并发场景、大数据分析	事务支持较弱，标准不统一

第4章 数据预处理与清洗

现实世界中，数据往往是粗糙的、不完整的、不一致的，无法直接用于数据分析和数据挖掘。为了提高数据分析和数据挖掘的质量及效率，需要运用数据预处理方法把现实世界中的数据转换为分析算法适用的数据[15]。数据预处理是指对所收集数据进行分析或挖掘前所做的清洗、集成、变换和归约等必要的处理工作。据统计，在数据挖掘的过程中，数据预处理工作量占整个过程的 60%。本章将讨论数据清洗、数据集成和数据变换这三种主要的数据预处理方法，并简要介绍数据归约方法。

4.1 数据预处理的必要性

从现实世界采集到的数据通常具有多样性、不确定性、复杂性等特点，难以满足数据分析方法和数据挖掘算法的基本要求[16]。这些散乱的原始数据通常都会存在以下几个方面的问题。

1）数据的不完整性

由于系统设计产生的潜在缺陷以及使用过程中人为因素所造成的影响，数据记录中可能会出现部分数据属性值丢失或不确定的情况，还可能存在必需数据缺少的情况。例如，设备故障导致数据采集及存储失败、历史记录或修改记录被忽略、数据录入时部分数据未被录入等。

2）数据的不一致性

数据的不一致性是指各类数据的矛盾性、不相容性。原始数据是从各个实际应用系统中获取的，由于各应用系统对数据和数据结构缺乏统一的标准定义，因此系统间的数据存在较大的不一致性，难以实现共享。同时，来自不同应用系统的数据在合并时通常会产生重复和冗余的问题。例如，两个数据库中都存在长度属性，但分别以"km"和"m"为单位，则二者数据不能直接共享。

3）噪声数据

噪声数据是指错误或异常（偏离期望值）的数据。采集数据时设备出现故障，输入、传输或存储数据时出现错误，命名约定或所用的数据代码不一致等，这些情况都可能导致噪声数据的产生。

通过对现实世界中的原始数据存在的问题进行梳理，我们可以看出数据预处理是数据分析和数据挖掘前所必经的重要一步。只有经过数据预处理才能得到完整、一致、有实效性的高质量数据。因此，在对数据进行更深一步的分析前一定要进行必要的预处理工作。

4.2　数　据　清　洗

数据清洗是指在数据集中发现不准确、不完整或不合理的数据，并对这些数据进行去重、修补、纠正或移除以提高数据质量的过程。数据的清洗主要包括缺失数据处理、冗余数据处理和噪声数据处理这三项工作。

4.2.1　缺失数据处理

缺失数据是指现有数据集中某个或某些属性的值是不完全的。缺失数据主要有三种类型。①完全随机缺失数据。其特征为某变量的缺失数据与其他任何观测或未观测变量都不相关。②随机缺失数据。其特征为某变量的缺失数据与其他观测变量相关，与未观测变量不相关。③非随机缺失数据。其为非上述两种缺失数据的缺失数据[17]。

根据缺失数据对分析结果的影响以及导致数据缺失的影响因素，可以选择以下几种方式进行处理。

1）删除处理

删除处理是指将存在缺失数据属性值的对象删除。当被删除的包含缺失数据的对象占总数据量的比例很小时，直接进行删除是非常有效的，不会对原始数据造成太大的影响。然而，当原始数据仅存在较少的对象或者被删除的对象占总数据量的比例很大时，删除处理就会严重影响数据信息的客观性和结果的准确性，从而引出错误的结论。

2）插补处理

插补处理即用主观估计的最可能的值来填充缺失数据，是目前最常用的处理缺失数据的方法。通常基于统计学原理，根据数据表中其余对象取值的分布情况来对某个缺失数据进行填补。例如，使用其余属性的平均值来填充缺失数据[3]。常用的数据插补方法见表 4.1。

表 4.1　常用的数据插补方法

插补方法	方法描述
均值/中位数/众数插补	根据属性值的类型，用该属性取值的平均数/中位数/众数进行插补
固定值插补	将缺失的属性值用一个常量替换
最近邻插补	在记录中找到与缺失样本最接近的样本的属性值插补
回归方法	对带有缺失值的变量，根据已有数据和与其有关的其他变量（因变量）的数据建立拟合模型来预测缺失的属性值
插值法	插值法是利用已知点建立合适的插值函数 $f(x)$，未知值由对应点 x_i 求出的函数值 $f(x_i)$ 近似代替

3）忽略处理

忽略处理即忽略数据中存在的缺失数据，直接在包含缺失数据的数据上进行分析和挖掘，这类方法包括贝叶斯网络和人工神经网络等。

4.2.2　冗余数据处理

冗余数据是指数据集中存在的重复或过剩数据，如重复出现的数据、与特定数据分析任务无关的数据等。冗余数据的存在会导致传输开销的增加、存储空间的浪费以及数据的不一致。在处理冗余数据时可以使用数据过滤的方法。例如，要分析某公司男员工的业务分布情况，可以从该公司全体数据中过滤掉女员工的数据，生成仅包含男员工数据的数据集[18]。

当数据中存在"重复出现"的冗余数据时，可以在识别来源数据集中重复数据的基础上，从每个重复数据项中选择一项记录作为代表保留在目标数据集中。这种处理方法被称为重复过滤。当数据中存在"与特定数据分析任务无关"的冗余数据时，可以根据某种条件进行过滤，仅在目标数据集中保留符合条件的数据。这种处理方法被称为条件过滤。例如，要分析年龄大于 18 岁的学生的成绩时，可以将年龄属性设置为大于 18 岁，从而过滤掉年龄小于或者等于 18 岁的学生的记录。

4.2.3　噪声数据处理

噪声是指被测量变量产生的随机错误或偏差。错误数据、虚假数据和异常（偏离期望值）数据是噪声的三种主要表现形式。噪声数据的存在会对数据分析结果的准确性造成干扰，因此必须对其进行处理。常见的处理噪声数据的方法如下。

1）分箱法

分箱法是指通过考察数据的邻近值来进行数据局部的有序平滑[19]，从而达到噪声处理的目的。其基本思路是，将数据集放入若干个箱子中，然后用每个箱子的特征值（如均值、边界值、中值等）来替换该箱中的每个数据成员。分箱处理的具体步骤如图 4.1 所示。

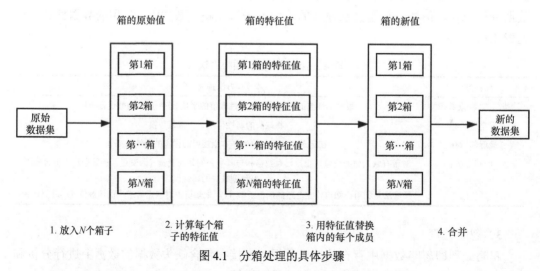

图 4.1　分箱处理的具体步骤

需要补充说明的是，分箱法具体又分为等宽分箱法和等深分箱法。等宽分箱法使得数据集在整个属性值的区间上平均分布，即每个箱的区间范围是一个常量，称为箱子宽度。等深分箱法则是把数据按照某个定值分箱，这个数值就是每箱包含的记录的数量，也称为箱子的深度。在等宽或等深划分后，可以用每个箱子中的平均数、中位数等替换箱中的每个成员。

例 4.1　数据集 age={41, 36, 26, 25, 20, 32, 30, 38, 50, 42, 41, 55}为某公司一部门的员工的年龄集合。请根据等深分箱法进行分箱处理（使用均值平滑计数）。

设定权重（箱子深度）为 3，分箱后

箱 1：41, 36, 26, 25；

箱 2：20, 32, 30, 38；

箱 3：50, 42, 41, 55。

结果为

箱 1：32, 32, 32, 32；

箱 2：30, 30, 30, 30；

箱 3：47, 47, 47, 47。

2）聚类

对数据进行聚类分析形成几个相对集中的子类后，可以发现不属于任何子类的异常数据。这些数据通常被称为离群点，可对其进行替换或删除处理。如图 4.2 所示，落在聚类集合之外的数据值即为离群点。

图 4.2　通过聚类发现离群点

3）回归法

回归法是指利用回归函数画出某两个（或多个，多元线性回归）属性值的回归线，通过一个属性来对另外一个属性进行判断和预测。还可以采用回归分析法对数据进行平滑处理，识别并去除噪声数据，如图 4.3 所示。

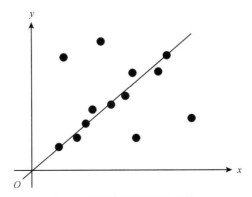

图 4.3　通过回归发现噪声数据

4.3　数　据　集　成

数据集成是指将来源、格式和特征不同的数据结合起来形成一个统一的数据集合的过程。数据集成以解决异构数据之间交流的问题为核心,在逻辑上和物理上把来自不同数据源的数据进行集中,解决数据异构在结构或语义上的差别,有助于减少结果数据集的冗余和不一致,为后续的数据工作奠定数据基础。数据集成主要解决以下两个问题。①实体识别问题。这个问题产生的主要原因是,来自多个数据源的现实世界的实体有时并不一定是匹配的。例如,两个不同的数据库分别用 user_name 和 consumer_name 表示同一个实体。②冗余问题。在数据集成的过程中往往会遇到数据冗余问题,如同一个属性出现多次。下面将介绍数据集成的两种主要类型:内容集成和结构集成。

4.3.1　内容集成

当目标数据集的结构与来源数据集的结构相同时,对来源数据集中的内容进行合并处理,如图 4.4 所示。可见,内容集成的前提是来源数据集中存在相同的结构或可通过变量映射等方式视为相同结构。

序号	姓名	性别	出生年月
1	张三	女	1970.06
2	李四	女	1984.10
⋮	⋮	⋮	⋮
8	赵八	男	1990.02

序号	姓名	性别	出生年月
⋮	⋮	⋮	⋮
16	王五	女	1985.11
17	孔六	男	1989.06
18	张三	男	1990.03

序号	姓名	性别	出生年月
1	张三	女	1970.06
2	李四	女	1984.10
⋮	⋮	⋮	⋮
8	赵八	男	1990.02
⋮	⋮	⋮	⋮
16	王五	女	1985.11
17	孔六	男	1989.06
18	张三	男	1990.03

图 4.4　内容集成

4.3.2　结构集成

不同于内容集成,结构集成中目标数据集与来源数据集的结构并不相同。在结构集成中，目标数据集的结构是对各来源数据集的结构进行合并处理后的结果，如图 4.5 所示。

序号	姓名	性别	出生年月	婚姻状态
1	张三	女	1970.06	已婚
2	李四	女	1984.10	未婚
3	赵八	男	1990.02	未婚
4	张三	男	1990.03	已婚

序号	姓名	性别	出生年月	籍贯
1	张三	女	1970.06	陕西省
2	李四	女	1984.10	安徽省
3	赵八	男	1990.02	上海市
4	张三	男	1990.03	江苏省

序号	姓名	性别	出生年月	婚姻状态	籍贯
1	张三	女	1970.06	已婚	陕西省
2	李四	女	1984.10	未婚	安徽省
3	赵八	男	1990.02	未婚	上海市
4	张三	男	1990.03	已婚	江苏省

图 4.5　结构集成

4.4　数据变换

数据变换是指将数据从一种表示形式变换为另一种表示形式的过程。当原始数据的当前形式不符合目标算法的规范和标准时，需要进行数据变换处理。常见的数据变换策略主要包含光滑处理、数据聚集、特征构造、数据标准化和数据离散化。

（1）光滑处理。光滑处理可用于消除数据中的噪声，主要包括分箱法、聚类和回归法。

（2）数据聚集。对数据进行汇总处理或聚集处理，从而为多粒度数据分析构造数据立方体。例如，对某家庭的月收入进行汇总，获得该家庭的年收入。

（3）特征构造。运用已有的属性来构建新属性，从而丰富属性集。例如，当属性集中包含质量属性和体积属性时，可以计算出密度属性。

（4）数据标准化。按照比例缩放属性数据，使其落入一个特定的区间内，如[0,1]区间。常用的标准化方法有最小-最大值标准化和 z-score 标准化。

（5）数据离散化。把数值类型的属性值用区间标签或概念标签替换。例如，把年龄属性替换为 0—18 岁、19—44 岁、45—59 岁和 60—100 岁，或者替换为儿童、青年、中年和老年。

4.4.1　数据标准化

数据标准化的目的是按比例缩放原始数据，使其落入一个特定的区间，赋予所有属性相等的权重。在一些比较或评价分析任务中，不同指标往往具有不同的量纲，数值间的差别可能很大，不进行处理可能会影响数据分析结果的准确性。为了消除指标之间的量纲和取值范围差异的影响，很有必要进行标准化处理。

（1）最小-最大值标准化。对原始数据进行线性变换，将数值映射到[0,1]区间上，转换函数如下。

$$x^* = \frac{x - \min}{\max - \min}$$

其中，x 和 x^* 分别为进行标准化处理前的属性值和进行标准化处理后的属性值；min 和 max 分别为该属性的最小值和最大值。

（2）z-score 标准化。并不是所有数据标准化的结果都会落入[0,1]区间内，z-score 标准化是基于属性的均值和标准差进行规范化的，其计算公式如下。

$$x^* = \frac{x - \mu}{\sigma}$$

其中，x 和 x^* 分别为进行标准化处理前的属性值和进行标准化处理后的属性值；μ 为属性的均值；σ 为属性的标准差。

（3）小数定标标准化。通过移动属性值的小数位数，将属性值映射到[-1,1]之间，移动的小数位数取决于属性值绝对值的最大值。具体转换公式如下。

$$x^* = \frac{x}{10^k}$$

4.4.2 数据离散化

连续变量的离散化就是将具体性的问题抽象为概括性的问题，即将它取值的连续区间划分为小的区间，再将每个小区间重新定义为一个唯一的取值。例如，学生考试成绩可以划分为两个区间，[0,60)为不及格，[60,100]为及格。60 是两个区间的分界点，称为断点。断点就是小区间的划分点，区间的一部分数据小于断点值，另一部分数据则大于或者等于断点值。选取断点的方法不同，从而产生了不同的离散化方法。

对连续变量进行离散化处理，一般经过以下步骤。

步骤 1：对连续变量进行排序。

步骤 2：选择某个点作为候选断点，判断此断点是否满足给定的要求。

步骤 3：若候选断点满足离散化的要求，则对数据集进行分裂或合并，再选择下一个候选断点。

步骤 4：重复步骤 2 和步骤 3，如果满足停止准则，则不再进行离散化过程，从而得到最终的离散结果。

离散化方法主要有分箱法、直方图分析法和基于聚类分析的方法。在 4.2.3 节中已经详细介绍了分箱法的基本信息和实现步骤，下面介绍直方图分析法。直方图是一种常见的数据离散化形式，可以产生多级概念分层。属性 x 的直方图将 x 的数据分布划分为不相交的子集或桶。通常情况下，子集或桶表示给定属性的一个连续区间。例如，图 4.6 将年龄分为 4 段，即 0—18 岁、19—44 岁、45—59 岁和 60—100 岁。

一维聚类的方法包括两个步骤，首先将连续属性的值用聚类算法（如 K-means 算法）进行聚类，其次再对聚类得到的簇进行处理，合并到一个簇的连续属性值做同一个标记。聚类分析的离散化方法也需要用户指定簇的个数，从而决定产生的区间数。

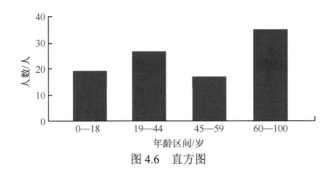

图 4.6　直方图

4.5　数据归约

数据归约是指在不影响数据的完整性和数据分析结果的正确性的前提下，通过最大限度地精简数据量来达到提升数据分析的效果与效率的目的。数据归约技术可以得到数据集的归约表示，虽然相比原始数据而言数据量变少了，但仍大致保持原数据的完整性。在归约后的数据集上进行分析和挖掘将更加有效，并产生几乎相同的结果。常用的数据归约方法有数值归约和属性归约。

4.5.1　数值归约

数值归约指通过选择替代的、较小的数据来减少数据量。其有两种具体的策略，即参数化数值归约和非参数化数值归约。在保持数据完整性和数据分析结果正确性的前提下，参数化数值归约可以采用简单线性回归模型和对数线性模型；非参数化数值归约则可以通过抽样、聚类、直方图等方法实现。通过近似表示数据分布，实现数值归约的目的。

（1）直方图。直方图使用分箱来近似数据分布，是一种流行的数值归约形式。属性 x 的直方图将 x 的数据分布划分为不相交的子集或桶。如果每个桶只代表单个属性值/频率对，则该桶称为单桶。通常，桶表示给定属性的一个连续区间。

（2）聚类。聚类技术将数据元组（即记录，数据表中的一行）视为对象。它将对象划分为簇，使一个簇中的对象相互"相似"，而与其他簇中的对象"相异"。在数值归约中，用数据的簇替换实际数据。该技术的有效性依赖于簇的定义是否符合数据的分布性质。

（3）抽样。抽样也是一种数值归约技术，它用比原始数据小得多的随机样本（子集）表示原始数据集。假定原始数据集 D 包含 N 个元组，可以采用抽样方法对 D 进行抽样。常用的抽样方法如下。

s 个样本无放回简单随机抽样：从 D 的 N 个元组中抽取 s 个样本（$s<N$），其中 D 中任意元组被抽取的概率均为 $1/N$，即所有元组的抽取是等可能的。

s 个样本有放回简单随机抽样：该方法类似于无放回简单随机抽样，不同在于，每次从 D 中抽取后一个元组，记录它，然后放回原处。

聚类抽样：如果 D 中的元组分组放入 M 个互不相交的簇，则可以得到 s 个簇的简单随机抽样，其中 $s<M$。例如，数据库中元组通常一次检索一页，这样每页就可以视为一个簇。

分层抽样：如果将 D 划分成互不相交的部分，将其称作层，我们通过对每一层的简单随机抽样就可以得到 D 的分层样本。例如，可以得到关于顾客数据的一个分层样本，按照顾客的每个年龄组创建分层。

用于数值归约时，抽样最常用来估计聚集查询的结果。在指定的误差范围内，可以确定（使用中心极限定理）估计一个给定的函数所需的样本大小。通常样本的大小 s 相对于 N 非常小。而通过简单地增加样本大小，这样的集合可以进一步求精。

（4）参数回归。简单线性模型和对数线性模型可以用来近似描述给定的数据。简单线性模型对数据建模，使之拟合为一条直线。对数线性模型用来描述期望频数与协变量之间的关系。

4.5.2　属性归约

数据分析的难度将随着数据维度的增加而增大，因此应在不影响数据完整性和数据分析结果正确性的前提下，减少随机变量或属性的数量，从而提高分析和挖掘的效率、降低计算成本。属性归约通过属性合并来创建新属性维数，或者通过直接删除不相关的属性来减少数据维数。其目标是寻找出最小的属性子集并确保新数据子集的概率分布尽可能地接近原来数据集的概率分布。属性归约常用的方法有主成分分析（principal component analysis，PCA）、奇异值分解、决策树归纳和离散小波转换等。

除了上述两种常见的数据归约方法外，还可以采用其他类型的归约方法。例如，数据压缩——对原始数据进行数据重构，从而得到其压缩表示形式。

4.6　数据预处理实例

数据来源为 https://www.kaggle.com/datasets/sidtwr/videogames-sales-dataset。该数据集为电子游戏销量数据，从 VGChartz 和 Metacritic 中爬取得到。数据集示例如图 4.7 所示，字段及字段说明见表 4.2。

Name	Platform	Year_of_R	Genre	Publisher	NA_Sales	EU_Sales	JP_Sales	Other_Sale	Global_Sal	Critic_Scor	Critic_Cou	User_Score	User_Coun	Developer	Rating
Wii Sports	Wii	2006	Sports	Nintendo	41.36	28.96	3.77	8.45	82.53	76	51	8	322	Nintendo	E
Super Mari	NES	1985	Platform	Nintendo	29.08	3.58	6.81	0.77	40.24						
Mario Kart	Wii	2008	Racing	Nintendo	15.68	12.76	3.79	3.29	35.52	82	73	8.3	709	Nintendo	E
Wii Sports I	Wii	2009	Sports	Nintendo	15.61	10.93	3.28	2.95	32.77	80	73	8	192	Nintendo	E
Pokemon R	GB	1996	Role-Playin	Nintendo	11.27	8.89	10.22	1	31.37						
Tetris	GB	1989	Puzzle	Nintendo	23.2	2.26	4.22	0.58	30.26						
New Super	DS	2006	Platform	Nintendo	11.28	9.14	6.5	2.88	29.8	89	65	8.5	431	Nintendo	E
Wii Play	Wii	2006	Misc	Nintendo	13.96	9.18	2.93	2.84	28.92	58	41	6.6	129	Nintendo	E
New Super	Wii	2009	Platform	Nintendo	14.44	6.94	4.7	2.24	28.32	87	80	8.4	594	Nintendo	E
Duck Hunt	NES	1984	Shooter	Nintendo	26.93	0.63	0.28	0.47	28.31						
Nintendogs	DS	2005	Simulation	Nintendo	9.05	10.95	1.93	2.74	24.67						
Mario Kart	DS	2005	Racing	Nintendo	9.71	7.47	4.13	1.9	23.21	91	64	8.6	464	Nintendo	E
Pokemon G	GB	1999	Role-Playin	Nintendo	9	6.18	7.2	0.71	23.1						
Wii Fit	Wii	2007	Sports	Nintendo	8.92	8.03	3.6	2.15	22.7	80	63	7.7	146	Nintendo	E
Kinect Adv	X360	2010	Misc	Microsoft G	15	4.89	0.24	1.69	21.81	61	45	6.3	106	Good Scien	E
Wii Fit Plus	Wii	2009	Sports	Nintendo	9.01	8.49	2.53	1.77	21.79	80	33	7.4	52	Nintendo	E
Grand Thef	PS3	2013	Action	Take-Two I	7.02	9.09	0.98	3.96	21.04	97	50	8.2	3994	Rockstar N	M
Grand Thef	PS2	2004	Action	Take-Two I	9.43	0.4	0.41	10.57	20.81	95	80	9	1588	Rockstar N	M
Super Mari	SNES	1990	Platform	Nintendo	12.78	3.75	3.54	0.55	20.61						
Brain Age:	DS	2005	Misc	Nintendo	4.74	9.2	4.16	2.04	20.15	77	58	7.9	50	Nintendo	E
Pokemon D	DS	2006	Role-Playin	Nintendo	6.38	4.46	6.04	1.36	18.25						
Super Mari	GB	1989	Platform	Nintendo	10.83	2.71	4.18	0.42	18.14						
Super Mari	NES	1988	Platform	Nintendo	9.54	3.44	3.84	0.46	17.28						
Grand Thef	X360	2013	Action	Take-Two I	9.66	5.14	0.06	1.41	16.27	97	58	8.1	3711	Rockstar N	M
Grand Thef	PS2	2002	Action	Take-Two I	8.41	5.49	0.47	1.78	16.15	95	62	8.7	730	Rockstar N	M
Pokemon R	GBA	2002	Role-Playin	Nintendo	6.06	3.9	5.38	0.5	15.85						
Brain Age 2	DS	2005	Puzzle	Nintendo	3.43	5.35	5.32	1.18	15.29	77	37	7.1	19	Nintendo	E
Pokemon B	DS	2010	Role-Playin	Nintendo	5.51	3.17	5.65	0.8	15.14						
Gran Turis	PS2	2001	Racing	Sony Comp	6.85	5.09	1.87	1.16	14.98	95	54	8.4	314	Polyphony I	E
Call of Dut	X360	2011	Shooter	Activision	9.04	4.24	0.13	1.32	14.73	88	81	3.4	8713	Infinity Wa	M
Pokémon Y	GB	1998	Role-Playin	Nintendo	5.89	5.04	3.12	0.59	14.64						
Call of Dut	PS4	2015	Shooter	Activision	6.03	5.86	0.36	2.38	14.63						
Call of Dut	X360	2010	Shooter	Activision	9.7	3.68	0.11	1.13	14.61	87	89	6.3	1454	Treyarch	M
Pokemon X	3DS	2013	Role-Playin	Nintendo	5.28	4.19	4.35	0.78	14.6						
Call of Dut	PS3	2012	Shooter	Activision	4.99	5.73	0.65	2.42	13.79	83	21	5.3	922	Treyarch	M
Call of Dut	X360	2012	Shooter	Activision	8.25	4.24	0.07	1.12	13.67	83	73	4.8	2256	Treyarch	M
Call of Dut	X360	2009	Shooter	Activision	8.52	3.59	0.08	1.28	13.47	94	100	6.3	2698	Infinity Wa	M

图 4.7　数据集示例

表 4.2 字段及字段说明

字段	字段说明	字段	字段说明
Name	名称	Other_Sales	其他销量
Platform	平台	Global_Sales	全球销量
Year_of_Release	发布年份	Critic_Score	Metacritic 员工编制的总分数
Genre	类别	Critic_Count	给出 Critic_Core 的员工数量
Publisher	出版商	User_Score	Metacritic 订阅者的评分
NA_Sales	南美销量	User_Count	给出 Userscore 的用户数量
EU_Sales	欧洲销量	Developer	负责创建游戏的一方
JP_Sales	日本销量	Rating	ESRB 分级[1]

注：1）该 ESRB（Entertainment Software Rating Board，娱乐软件分级委员会）分级用于提供给消费者（尤其是家长）关于电脑或视频游戏的年龄适宜性的简便的可信赖的指导，以便消费者在购买时能够确定该游戏是否适宜其孩子或家庭

```
# 数据导入
> VGS <- read.csv(file = '/…/Video_Games_Sales.csv')

# -----------缺失值的识别与处理-----------
# 缺失值的识别
> is.na(VGS)      # 判断是否存在缺失值
> sum(is.na(VGS))  # 缺失值数量统计
> which(is.na(VGS))  # 返回缺失值位置
# 行删除法处理缺失值
> VGS_1 <- VGS[-which(is.na(VGS$Critic_Score)),]   # 删除无员工评分的行
# 均值替换法处理缺失值
> sub <- which(is.na(VGS_1$User_Score))
> VGS_1_1 <- VGS_1[-sub,]
> VGS_1_2 <- VGS_1[sub,]
> avg_userscore <- mean(VGS_1_1$User_Score)  # User_Score 未缺失部分的均值
> VGS_1_2$User_Score <- rep(avg_userscore, nrow(VGS_1_2))  # User_Score 均值替换 User_Score 缺失值
> VGS_1 <- rbind(VGS_1_1, VGS_1_2)

# -----------异常值的识别-----------
# 箱形图检测异常值
> library(ggplot2)
> ggplot(VGS_1,aes(y = Critic_Score)) + geom_boxplot(fill="orange") +
  labs(y = "评分", title="异常值检测图")
```

通过上述代码，可得图 4.8。

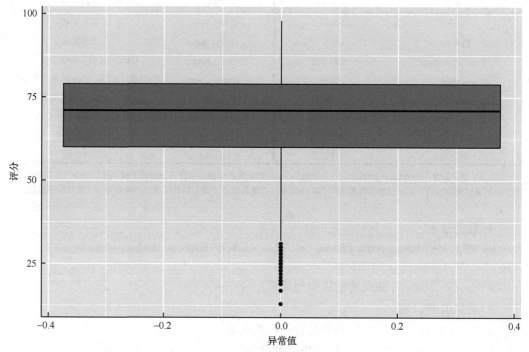

图 4.8 销量异常值检测箱形图

```
# ------------数据变换------------
# 最小-最大值标准化
> VGS_1$Critic_Score_Norm <- (VGS_1$Critic_Score - min(VGS_
1$Critic_Score)) / (max(VGS_1$Critic_Score) - min(VGS_1$Critic_
Score))


# 数据离散化
> library(infotheo)    # 用于实现等宽分箱和等频分箱
# 等宽分箱
> d1 <- discretize(VGS_1$Critic_Score, 'equalwidth', 3)
> table(d1)
> plot(VGS_1$Critic_Score, col=d1$X, main = 'Critic_Score 等宽
分箱')
```

通过上述代码，可得图 4.9。

```
# 等频分箱
> d2 <- discretize(VGS_1$Critic_Score, 'equalfreq', 3)
> table(d2)
> plot(VGS_1$Critic_Score, col=d2$X, main='Critic_Score 等频分箱')
```

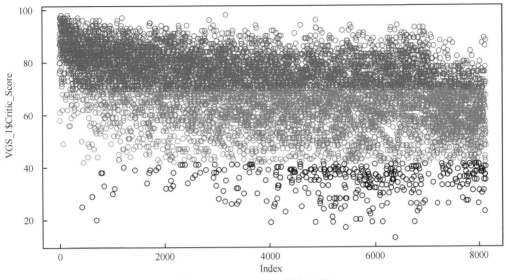

图 4.9　Critic_Score 等宽分箱

```
# 属性构造
> VGS_1$NA_Sales_Proportion <- VGS_1$NA_Sales / VGS_1$Global_
Sales  # 北美销量占比
> VGS_1$EU_Sales_Proportion <- VGS_1$EU_Sales / VGS_1$Global_
Sales  # 欧洲销量占比
> VGS_1$JP_Sales_Proportion <- VGS_1$JP_Sales / VGS_1$Global_
Sales  # 日本销量占比
```

通过上述代码，可得图 4.10。

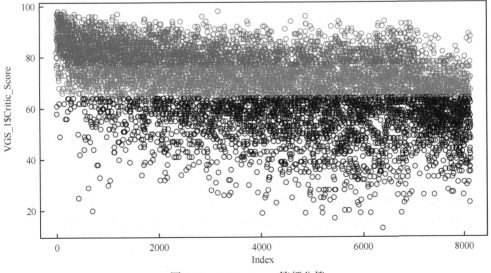

图 4.10　Critic_Score 等频分箱

第 5 章 数据分析与商业洞见

数据分析是借助数据来指导决策的过程。传统行业的决策过多依赖于管理者的眼光和洞察力，而数据分析要做的事，就是把这些眼光和洞察力转化为每个人都可以理解的数字和图表。

数据分析的基本流程如图 5.1 所示。其主要流程包括商业理解、数据理解、数据准备、建立模型、模型评估、结果部署，通过对现状、原因等的分析，最终实现预测分析，确保数据分析维度的充分性和结论的合理有效性。数据分析的主要目标包括推测或解释数据并确定如何使用数据；检查数据是否合法；给决策制定合理建议；诊断或推断错误原因；预测未来将要发生的事情。可以说，数据分析是一个综合的过程，要求数据分析者不仅拥有相关的技术，更要有对数据的洞察力和良好的逻辑思维。

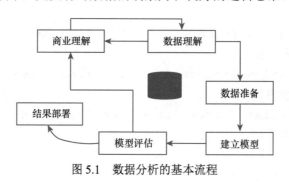

图 5.1 数据分析的基本流程

5.1 数据分析在业务中的商务决策

数据分析脱离不了业务，不同的业务所关注的数据不同，如互联网、快消、银行等，行业不同，关注的数据点也不同。但无论哪个行业，都需要率先理解数据分析所处的业务。

做好数据分析的业务理解，形成一套完整的业务指标无疑是十分重要的。这些指标应该涵盖整个业务分析的流程，与不同的商业模式和要达成的目标息息相关。指标建立的要点一般有以下几条。

（1）好的指标应该是比率（ratio）。比率是样本（或总体）中不同类别数据之间的比值。常见的比率有三种：占比、转化率、平均值。

（2）好的指标能指导实践。真正有效的指标应当具备实践指导价值，能够通过其动态变化为决策者提供可操作的洞察，进而优化业务流程和改进方向。

（3）好的指标应该易于理解。数据分析最终要面对的是大众，其中可能有人对数据分析了解较少，因此指标是否简单易懂也是判断一个指标是否为好指标的标准。

（4）指标和业务目标要有因果性。如果能够控制的指标和业务目标有因果关系时，那么达成业务目标将是轻而易举的事情。

业务分析实例——以 AARRR 模型为例。

在互联网行业中，说到产品运营，一定离不开 AARRR 模型。AARRR 模型是用户分析的经典模型，其结构图如图 5.2 所示。它从生命周期的角度，描述了用户进入平台需经历的五个环节，最终获取商业价值。价值不仅直接源于用户的购买行为（获取营收），还来自用户作为推荐者（自传播）和内容产生者（留存率）所带来的营收。通过逐步拆解这五个环节，理解各个阶段的业务指标，是进一步进行数据分析和完成业务目标的基础和关键一步。

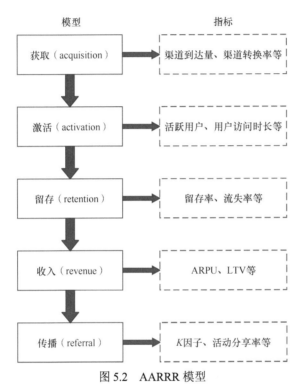

图 5.2　AARRR 模型

1）获取

在获取阶段，关注的主要问题是用户如何发现（并来到）产品，主要关注的指标有渠道到达量、渠道转换率、日新增用户数、获客成本、一次会话用户数占比等。①渠道到达量：俗称曝光量。有多少人看到产品推广相关的线索。②渠道转换率：包含 CPC（cost per click，每点击成本）、CPM（cost per mille，每千人成本）、CPD（cost per download，每下载成本）、CPT（cost per time，每时间段成本），CPA（cost per action，每行动成本）、CPS（cost per sales，以实际销售额来换算广告金额）、渠道 ROI（return on investment，投入产出比，项目产出总收入/项目投入总成本）、LTV（life time value，生命价值周期）/投入成本日应用下载量、APP 的下载量（这里指点击下载，不代表下载完成）。③日新增用户数：以用户注册提交资料为基准。④获客成本：获取一位用户需要支付的成本。

⑤一次会话用户数占比：新用户下载完 APP，仅打开过产品一次，且该次使用时长在 2 分钟以内的用户数占总用户比例（衡量渠道可靠程度）。

2）激活

在激活阶段，主要关注的是用户的体验，让用户"活跃"起来，关注的主要指标有日/周/月活跃用户数、活跃用户占比、用户会话次数、用户访问时长、用户平均访问次数等。①日/周/月活跃用户数：统计一日（周、月）之内，登录或使用了某个产品的用户数（去除重复登录的用户）。②活跃用户占比：活跃用户数占总用户数的比例，衡量的是产品健康程度。③用户会话次数：用户打开产品操作和使用，直到完成使用退出产品的整个周期。5 分钟无操作，默认结束。④用户访问时长：一次会话的持续时间。通过该指标，可以推测用户是否真正进行浏览。⑤用户平均访问次数：一段时间内用户平均产生会话的次数。

3）留存

在留存阶段，主要关注的问题是用户是否还会回到产品（重复使用），因此，留存率和流失率便是在这个阶段数据分析者最应关注的指标。①留存率：用户留存率是一个相对数据。确定数据基数，如下载或者注册，留存率就是留下来的用户数与这个基数的比值。留存率通常包括三日留存率、七日留存率、三十日留存率等。②流失率：流失率可定义为"在一定时间段内，取消服务订阅用户数占订阅用户数的百分比"。客户流失率=（流失客户数÷原始总客户数）×100%。

4）收入

在收入阶段，数据分析关注的主要问题是产品怎样（通过用户）获取收入。主要关注的指标有付费用户数占比、ARPU（average revenue per user，每用户平均收入）、ARPPU（average revenue per paying user，每付费用户平均收入）、客单价、LT（life time，生命周期）、LTV（life time value，生命周期价值）等。①付费用户数占比：每日付费用户占活跃用户数比，也可以计算总付费用户占总用户数比。②ARPU：某个时间段内，每位用户的平均收入。ARPU=付费总额/总用户数。③ARPPU：某时间段内每位付费用户的平均收入，排除了未付费的用户。ARPPU=付费总额/付费用户数。④客单价：每一位用户平均购买商品的金额。通常来说，客单价=销量总额/顾客总数。⑤LT：用户生命周期。LT = 1/流失率，此公式满足的前提是用户不回流，同时留存率等比衰减。⑥LTV：用户生命价值周期，其和市场营销的客户价值接近，经常用在游戏运营、电商运营中。一般来说，LTV 的计算方式有很多，比较经典的计算方式有两种：LTV=周期内用户的总计付费金额/用户总数；LTV=LT×ARPU。

5）传播

在传播阶段，主要关注的问题是用户是否愿意将产品推荐给其他用户。关注的主要指标有 K 因子、用户分享率、活动（邀请）曝光量等。①K 因子：概念来自传染病学，用来衡量营销传播的有效性。K 因子=（每个用户向他的朋友发出的邀请的数量）×（接收到邀请的人转化成新用户的转化率）。②用户分享率：某功能或者界面中，分享用户数占浏览页面人数的比例。③活动（邀请）曝光量：在线上传播活动中，该活动被曝光的次数。

具体关注哪些业务指标是根据不同的产品和不同业务目标决定的，但是 AARRR 模型能够帮助我们在获取和转化用户的行为上进行深入思考。

5.2　商务决策中的数据理解

当我们确定了业务目标，对业务指标有了大致了解后，就要从数据层面对数据分析任务进行理解。在数据理解过程中，我们必须考虑以下几个问题。

（1）与任务相关的数据都有哪些？首先要确定与任务相关的数据，以及数据的时间范围和具体领域等。

（2）相关数据存储在哪里？以何种形式存储？数据可能来自网页、数据库或是来自统计年鉴等。不同的数据存储方式和格式将会影响后续数据的获取和加工方式。

（3）数据收集的方式是什么？要确定数据收集的方式，如是人工还是自动，需要通过爬虫获取还是直接下载，数据多长时间更新一次。确定这些问题的答案，将会让后续的数据分析过程更加轻松。

（4）数据是否完整可靠？获得数据的来源有多种，有些数据是不可靠、不完整的，利用这些数据进行分析，得到的结果必然也是偏离事实的。

（5）数据中的变量有哪些？存在歧义吗？在获取数据后，要确定数据各个变量的具体含义，明确核心变量，并明确存在歧义的变量，减少后续的分析过程因变量定义产生的错误。

只有理解了数据，明确这几个问题的答案，后续的分析与建模过程才能更加顺利地进行。一个好的数据理解，将会让后续的数据分析过程事半功倍。

5.3　数据分析分类

5.3.1　结构化数据分析

结构化数据也称作行数据，是由二维表结构来逻辑表达和实现的数据，其严格地遵循数据格式与长度规范，主要通过关系型数据库进行存储和管理。在结构化数据中，可以将"行"看作收集到的数据点，将"列"看作表示每个数据点的单个属性的字段。结构化数据的基本格式如图 5.3 所示。在目前的数据分析领域，结构化数据是最常见的数据类型，结构化数据分析也是大部分数据分析者关注的焦点，5.1 节中所提到的业务指标也多是针对结构化数据所制定的。

	train_id	name	item_condition_id	category_name	brand_name	price	shipping	item_description
0	0	MLB Cincinnati Reds T Shirt Size XL	3	Men/Tops/T-shirts	NaN	10.0	1	No description yet
1	1	Razer BlackWidow Chroma Keyboard	3	Electronics/Computers & Tablets/Components & P...	Razer	52.0	0	This keyboard is in great condition and works ...
2	2	AVA-VIV Blouse	1	Women/Tops & Blouses/Blouse	Target	10.0	1	Adorable top with a hint of lace and a key hol...
3	3	Leather Horse Statues	1	Home/Home Décor/Home Décor Accents	NaN	35.0	1	New with tags. Leather horses. Retail for [rm]...
4	4	24K GOLD plated rose	1	Women/Jewelry/Necklaces	NaN	44.0	0	Complete with certificate of authenticity

图 5.3　结构化数据的基本格式

5.3.2 非结构化数据分析

非结构化数据是数据结构不规则或不完整，没有预定义的数据模型，不方便用数据库二维逻辑表来表现的数据。非结构化数据包括各种办公文档、文本、图片、XML 文件、HTML 和音频/视频信息等。其具有数据量大、数据冗余、潜在价值巨大等特点，是数据分析领域的一片蓝海。

5.3.3 文本数据分析

除了结构化的数据，日常的数据分析中还存在着许多非结构化的数据，文本便是其中非常重要的组成部分。自然语言作为人类表现情感最基本与直接的工具，每时每刻都充斥在人类社会的各个角落。在文本数据分析领域，人们一般依靠各种自然语言处理（natural language processing，NLP）技术对文本进行分析，分析的对象包括词汇、语句、篇章和对话等，主要研究方向包括机器翻译（machine translation，MT）、自动文摘（automatic summarizing）、信息检索（information retrieval）、文档分类（document classification）、问答系统（question-answering system）等。在最近二三十年，自然语言处理已经有了突破性的进展，并受到越来越多学者的关注。

5.3.4 图像分析

图像是图和像的有机结合，既反映物体的客观存在，又体现人的心理因素；是客观对象的一种可视化表示，它包含了被描述对象的有关信息。图像分析主要包括五个步骤：①图像信息的获取；②图像信息的存储；③计算机数字图像处理；④图像信息的传输；⑤图像信息的输出和显示。图像分析应用广泛，涉及从军工到民生的各个方面，包括实景照片、指纹、足迹的分析与鉴别，人像、印章、手迹的识别与分析，无损探伤，流水线零件的自动监测识别，邮件自动分拣和包裹的自动分拣识别，天气预报等。

5.3.5 语音分析

语音分析技术，是指通过语音识别等核心技术将非结构化的语音信息转换为结构化的索引，实现对海量录音文件、音频文件的知识挖掘和快速检索。语音分析最关键的是把语音转换为词语，主要步骤如图 5.4 所示，包括语音特征提取形成特征向量，通过声学模型、发音词典、语言模型等解码器将特征向量解码成为词语等。语音分析识别技术发展到今天，中小词汇量对于非特定人语音识别系统识别精度已经大于 98%，并且已经有了广泛的应用。

除此之外，根据业务和平台的不同，还有不同数据分析分类方式，融合了结构化和非结构化的数据分析方法，如 Web 数据分析、移动网络数据分析、社交网络数据分析、多媒体数据分析等。

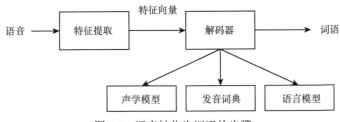

图 5.4　语音转化为词语的步骤

5.3.6　结构化数据分析实例

企鹅智酷从媒体价值的角度出发，通过企鹅调研数据并结合 QuestMobile 的大数据监测，呈现当前互联网用户在新闻消费上的新需求和特点，并基于此给出了中国媒体消费趋势分析，中国媒体消费趋势分析如图 5.5 所示。

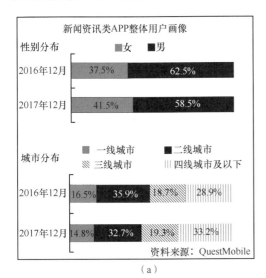

（a）

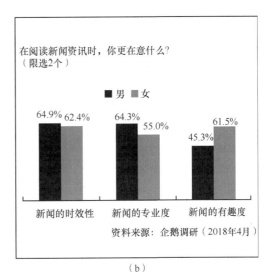

（b）

不同学历用户的跨渠道新闻资讯获取

三种及以上　两种渠道　单一渠道

	初中及以下	高中或中专	大专及本科	硕士及以上
三种及以上	46.04%	49.19%	62.96%	66.67%
两种渠道	16.55%	18.55%	18.46%	17.39%
单一渠道	37.41%	32.26%	18.58%	15.94%

资料来源：工信部《2017年中国网络媒体公信力调查报告》

（c）

图 5.5　中国媒体消费趋势分析

从可视化的数据中，我们可以看到几个有趣的现象。

（1）新闻资讯类 APP 的用户中，女性和三四线城市及以下的用户的占比扩大。女性用户的占比从 37.5%增加到了 41.5%，三四线城市及以下用户的占比从 47.6%增加到 52.5%。

（2）男性相对于女性更关注新闻的时效性和专业度，而女性相对来说对有趣的新闻更感兴趣。

（3）随着学历的增加，用户的跨渠道新闻获取的能力呈现总体增加的趋势。

企鹅智酷这种结构化的数据和可视化的分析，是结构化数据分析的一个典例。这种分析看似简单，但不管对于政府决策部门，还是对于多媒体从业者，都具有巨大的帮助。这也说明，理解了数据分析的业务和数据，简单的数据分析同样能带来巨大的效用。

5.4　数据分析方法的选择

在道家的说法中，有五个字是十分重要的，叫"道、法、术、器、势"。"道"是指核心思想、本质规律，在数据分析领域便是分析的目标和理念基础。"法"是指选择的规章、制度、方法，是以"道"为指导原则的；有句话说"选择比努力重要"，也说明了方法选择的重要性。"术"是指行为与技巧，是技能的高低、效率的高下，如对分析工具使用的技术。"器"是指工具，在数据分析领域便是基础性的分析工具，如 Excel、Python 等分析工具和语言。"势"便是气势和执行力，在数据分析领域便是数据分析的说服力和人们对数据分析结果的执行力。显而易见，在其中，数据分析方法是其核心，属于"法"和"术"的层次，是对"道"的贯彻，也是发挥"势"的前提。

随着社会的进步与技术的不断发展，数据分析方法也不再限于传统的统计方法，而是逐渐向机器学习乃至深度学习的方向进行拓展和延伸，并取得了不错的效果。目前的数据分析方法有很多种，下面对主要的几种数据分析方法进行介绍。

5.4.1　监督学习方法

在机器学习和统计中，分类是基于包含其类别成员资格已知的观察（或实例）的训练数据集来识别新观察所属一组类别（子群体）中的哪一个的问题，属于一种有监督的学习。常用的分类算法包括决策树、支持向量机（support vector machines，SVM）、最近邻、贝叶斯网络、深度学习算法（神经网络）等[20]。

1）决策树

决策树是一种用于决策的树，目标类别作为叶子节点，特征属性的验证作为非叶子节点，而每个分支是特征属性的输出结果，算法图如图 5.6 所示。

决策树的构建通常有三个步骤：特征选择、决策树的生成，以及决策树的修剪。

2）支持向量机

支持向量机是一种二分类模型，它的目的是寻找一个超平面来对样本进行分割，分割的原则是间隔最大化，最终转化为一个凸二次规划问题来求解。

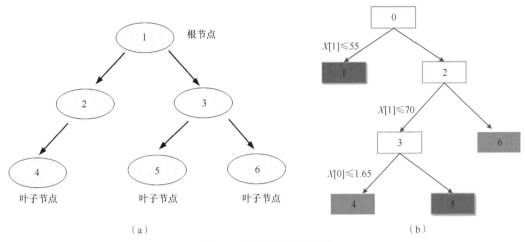

（a）　　　　　　　　　　　　　　　　　　（b）

图 5.6　分类决策树算法图

3）最近邻

近邻算法，即 K 最近邻（K-nearest neighbor，KNN）分类算法，是数据挖掘分类技术中最简单的方法之一。

KNN 支持多种相似度距离计算方法：欧氏距离、标准化欧氏距离、马氏距离、夹角余弦、皮尔逊相关系数等。

4）贝叶斯网络

贝叶斯网络又称为置信网络、信念网络（belief network），是基于贝叶斯方法绘制的、具有概率分布的有向弧段图形化网络，其理论基础是贝叶斯公式，网络中的每个点表示变量，有向弧段表示两者间的概率关系。

5）深度学习算法（神经网络）

深度学习是机器学习中一种基于对数据进行表征学习的算法。深度学习的基础，叫作神经网络，这本身就是一种机器学习算法。近年来，随着深度学习的火热发展，人们渐渐将这一概念独立出来，由此有了深度学习和传统机器学习的区分。到目前为止，深度学习仍是大数据处理与分析的最好方法之一。常见的深度学习框架有 TensorFlow、Keras、PyTorch、Caffe 等，人们可以利用深度学习框架来快速建立深度学习模型。常见的神经网络有递归神经网络（recurrent neural network，RNN）、卷积神经网络（convolutional neural network，CNN）等[21]。

5.4.2　回归分析

回归分析是一种研究自变量和因变量之间关系的预测模型，用于分析当自变量发生变化时，因变量的变化值及变化趋势。回归的解释能力也是其预测能力的基础[22]。

回归分析的分类有多种，按照涉及的变量的多少，可分为一元回归分析、多元回归分析；按照因变量的多少，可分为简单回归分析、多重回归分析；按照自变量和因变量之间的关系类型，可分为线性回归分析、非线性回归分析。下面对常用的回归分析方法进行简要介绍。

1）线性回归[23]

应用线性回归进行分析时，自变量可以是连续型或离散型的，因变量则为连续型的，线性回归用最适直线（回归线）去建立因变量 Y 和一个或多个自变量 X 之间的关系，基本的线性回归模型拟合如图 5.7 所示。

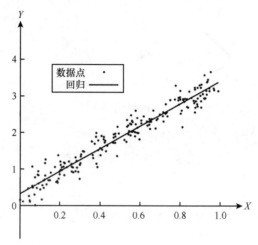

图 5.7　基本的线性回归模型拟合示意图

特点：多重共线性影响大、对异常值（outlier）敏感、建模速度快等。

2）逻辑回归

逻辑回归是一种广义上的线性回归分析模型，从本质上来说属于二分类模型，一般应用在分类问题中。其同样需要一条线，但不是去拟合每个数据点，而是把不同类别的样本区分开来。

特点：变量不一定具有线性关系、需要大量样本、自变量不能有共线性等。

3）多项式回归

如图 5.8 所示，在回归分析中，遇到线性回归的直线拟合效果不佳，或发现散点图中数据点呈曲线状态显示，或在处理非线性可分的数据时可以考虑使用多项式回归来分析。使用多项式回归可以降低模型的误差，从理论上多项式可以完全拟合曲线，更灵活地处理复杂的关系。

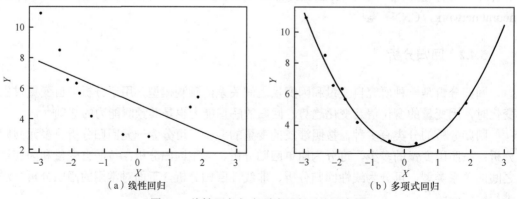

（a）线性回归　　　　　　　　　　　（b）多项式回归

图 5.8　线性回归与多项式回归对比示意图

4）逐步回归

逐步回归是一种挑选出对因变量有显著影响的自变量，构造最优的回归方程的回归方法。

5）岭回归

岭回归又称为脊回归，在共线性数据分析中应用较多，是一种有偏估计的回归方法，在最小二乘估计法的基础上做了改进，通过舍弃最小二乘法的无偏性，以损失部分信息为代价使得回归系数更稳定和可靠。

6）LASSO 回归

LASSO（least absolute shrinkage and selection operator，最小绝对收缩和选择算子）回归的特点与岭回归类似，为了减少共线性的影响，在拟合模型的同时进行变量筛选和复杂度调整。

7）弹性网络回归[24]

弹性网络回归结合了 LASSO 回归和岭回归的优点，同时训练 $L1$ 和 $L2$ 作为惩罚项在目标函数中对系统约束进行约束。

5.4.3　半监督学习方法

半监督学习（semi-supervised learning）属于弱监督学习中的一个分支领域。通常来说，弱监督可以分为三类。

（1）不完全监督（incomplete supervision），即只有训练集的一个（通常很小的）子集是有标签的，其他数据则没有标签。这种情况发生在各类任务中。例如，在图像分类任务中，真实标签是由人类标注者给出的。从互联网上获取巨量图片很容易，然而考虑到标记的人工成本，只有一个小子集的图像能够被标注或者是 A 卡的用户有很多会先被风控引擎等切掉一部分，导致这部分样本无法拥有好坏用户的标签。

（2）不确切监督（inexact supervision），即只有粗粒度的标签，例如，某些图像问题只有人工打标的粗粒度的标签，这在表格（tabular）数据中也较为常见，如给一个社交网络用户打标签，用户可能是多标签的，但是在标注的过程中仅标注了一个大范围的标签，一个典型直观的例子就是给猫打标为"猫"而没有细致到打标猫的品种，粗粒度的标签对于细粒度的任务来说帮助很有限。

（3）不准确的监督（inaccurate supervision），模型给出的标签不总是真实的。出现这种情况的常见原因有，图片标注者的失误，或者某些图片就是难以分类。评分卡的定义都是比较明确的，而在反欺诈、异常检测的应用中，样本的标注往往是模糊的。

当然，根据划分方式的不同，半监督学习也可以划分为纯半监督学习和直推学习，两者的区别在于：纯半监督学习假定训练数据中的未标记样本并非待预测的数据，而直推学习假定学习过程中未标记样本恰好是待预测数据，学习的目的就是在这些未标记样本上获得最优泛化性能。

5.4.4　无监督学习方法

无监督学习（unsupervised learning）与监督学习（supervised learning）相对应，是

从无标注的数据中学习预测模型的机器学习问题。无监督学习的本质是学习数据中的统计规律或潜在结构。无监督学习旨在从假设空间中选出在给定评价标准下的最优模型[25]。无监督学习可以用于对已有数据的分析，也可以用于对未来数据的预测。

5.4.5　聚类分析

聚类分析指将物理或抽象对象的集合分组成为由类似的对象组成的多个类的分析过程。聚类是将数据分类到不同的类或者簇这样的一个过程，所以同一个簇中的对象有很大的相似性，而不同簇间的对象有很大的相异性。

聚类分析是一种探索性的分析，在分类的过程中，人们不必事先给出一个分类的标准，聚类分析能够从样本数据出发，自动进行分类。聚类分析使用不同的方法，常常会得到不同的结论。不同研究者对于同一组数据进行聚类分析，所得到的聚类数未必一致。按照聚类方法分类，可分为：基于层次的聚类、基于划分的聚类、基于密度的聚类、基于机器学习的聚类、基于约束的聚类、基于网络的聚类等。

在日常的数据分析工作中，人们经常会接触到分类分析和聚类分析，但分类分析和聚类分析的概念却常常被混淆。那么，分类分析和聚类分析究竟有什么区别呢？

其实，区别分类分析和聚类分析的主要标准在于数据是否有划分标准，也可以理解为数据是否具有"标签"。分类分析中，在进行分类之前，事先已经有了一套数据划分标准，只需要严格按照标准进行数据分组就可以了。而聚类分析则不同，其并不知道具体的划分标准，要靠算法进行判断数据之间的相似性，把相似的数据放在一起，也就是说，聚类分析最关键的工作是探索和挖掘数据中的潜在差异和联系。

5.4.6　关联分析

关联分析，也叫关联规则挖掘，是数据挖掘中一项基础又重要的技术，属于无监督算法的一种。它用于从数据中挖掘出潜在的关联关系，最经典的便是沃尔玛超市啤酒与尿布的关联关系。这是关联分析在商业领域应用的一个典型案例，通过对大量商品记录作分析，提取出能够反映顾客偏好的有用规则。有了这些关联规则，商家可以制定相应的营销策略来提高销售量。关联技术不但在商业领域被广泛应用，在医疗、保险、电信和证券等领域也得到了有效的应用。常用的算法有 FP-tree（frequent pattern tree，频繁模式树）算法、Apriori（关联规则）算法、DIC（digital image correlation，数字图像相关）算法等。

5.4.7　降维算法

我们希望找到一种方法，在对数据完成降维（压缩）的同时，尽量减少信息损失。由于各变量之间存在一定的相关关系，因此可以考虑将关系紧密的变量变成尽可能少的新变量，使这些新变量是两两不相关的，那么就可以用较少的综合指标分别代表存在于各个变量中的各类信息。机器学习中的降维算法就是这样的一类算法。降维算法的代表算法之一便是主成分分析。主成分分析的主要步骤包括以下几个。

（1）去除平均值。

（2）计算协方差矩阵。

（3）计算协方差矩阵的特征值和特征向量。

（4）将特征值排序。

（5）保留前 N 个最大的特征值对应的特征向量。

（6）将原始特征转换到上面得到的 N 个特征向量构建的新空间中（最后两步，实现了特征压缩）。

聚类分析实例——基于 K-means 算法的豆瓣电影 Top250 数据分析。

K-means 算法，又名 K 均值算法。其算法思想大致为先从样本集中随机选取 k 个样本作为"簇中心"，并计算所有样本与这 k 个"簇中心"的距离，对于每一个样本，将其划分到与其距离最近的"簇中心"所在的簇中，对于新的簇计算各个簇的新的"簇中心"。

K-means 聚类的基本步骤如下。

（1）随机生成 k 个聚类中心点。

（2）根据聚类中心点，将数据分为 k 类。分类的原则是数据离哪个中心点近就将它分为哪一类别。

（3）根据分好的类别的数据，重新计算聚类的类别中心点。

（4）不断重复（2）和（3）步，直到中心点不再变化。

实现 K-means 算法的主要三点如下。

（1）簇个数 k 的选择。

（2）各个样本点到"簇中心"的距离。

（3）根据新划分的簇，更新"簇中心"。

下面将以豆瓣电影 Top250 数据分析为例，展示 K-means 算法在数据分析过程中的使用。

在进行分析之前，要先载入数据。载入数据后，对数据的基本情况进行查看。这里用到的是 R 语言中的 summary()函数，可以查看数据的最小值、最大值、四分位数和数值型变量的均值，以及因子向量和逻辑型向量的频数统计。具体如图 5.9 所示。

```
> # 数据初步分析
> # 载入数据
> movie1 <- read.csv(file ='/Users/zhangyunjuan/Documents/PaChong/top250_1.csv')
> # summary()函数可以获取描述性统计量
> # 可提供最小值、最大值、四分位数和数值型变量的均值，以及因子向量和逻辑型向量的频数统计
> summary(movie1)
      X.1              X           title_data         rank_data          rate_data        ratepeople_data       director
 Min.   :  1.00   Min.   :  1.00   Length:250        Min.   :  1.00    Min.   :8.300    Min.   :  77229    Length:250
 1st Qu.: 63.25   1st Qu.: 63.25   Class :character  1st Qu.: 63.25    1st Qu.:8.700    1st Qu.: 361712    Class :character
 Median :125.50   Median :125.50   Mode  :character  Median :125.50    Median :8.900    Median : 511576    Mode  :character
 Mean   :125.50   Mean   :125.50                     Mean   :125.50    Mean   :8.912    Mean   : 620419
 3rd Qu.:187.75   3rd Qu.:187.75                     3rd Qu.:187.75    3rd Qu.:9.100    3rd Qu.: 733294
 Max.   :250.00   Max.   :250.00                     Max.   :250.00    Max.   :9.700    Max.   :2442674
    actor              year            region           category
 Length:250       Min.   :1931     Length:250         Length:250
 Class :character 1st Qu.:1994     Class :character   Class :character
 Mode  :character Median :2004     Mode  :character   Mode  :character
                  Mean   :2001
                  3rd Qu.:2011
                  Max.   :2019
```

图 5.9　数据基本信息查看

对数据的基本信息进行查看后，下面将利用 K-means 算法对数据进行聚类。在聚类前，首先载入相关的依赖包 factoextra，并指明聚类的依据列。在这里使用评分和评价人数对数据进行后续的聚类操作。

其次，在进行正式聚类前，需要对数据列进行简单的标准化工作。不同变量的单位经常不同，有时不同变量的数值差别达到几个数量级，这时如果不做相应的标准化的数据变化处理，数值较小的变量就会影响对象的距离，从而影响聚类的正确性。因此在进行聚类分析之前必须对变量进行标准化处理。

进行变量标准化处理后，开始进行正式的聚类操作。在聚类中，最重要的工作之一就是簇个数 k 的选择。聚类效果的好坏与聚类个数有密切关系。评价聚类效果好坏的方式有多种，如轮廓系数法、Calinski-Harabasz（卡林斯基–哈拉巴斯）准则等。在这里，我们利用组内误差平方和以及手肘法来确定最佳的聚类个数。R 语言代码如图 5.10 所示。

```
# 聚类：K-Means
# 载入包
library(factoextra)
# 根据评分和评价人数对数据进行聚类
df <- movie1[c('rate_data','ratepeople_data')]
# 将片名设为行名
rownames(df) <- movie1$title_data
# 数据进行标准化
df$rate_data <- scale(df$rate_data)
df$ratepeople_data <- scale(df$ratepeople_data)
#确定最佳聚类数目
fviz_nbclust(df, kmeans, method = "wss") + geom_vline(xintercept = 4, linetype = 2)
```

图 5.10　数据预处理与聚类数目选择 R 语言代码

首先，我们选取不同的聚类个数，计算在不同聚类个数的情况下组内误差平方和。其次，我们以聚类数为横轴，组内误差平方和为纵轴，绘制折线图如图 5.11 所示。

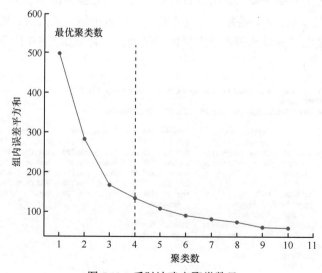

图 5.11　手肘法确定聚类数目

再次，我们利用手肘法来确定最佳的聚类数目。手肘法的核心思想是：随着聚类数 k 的增大，样本划分会更加精细，每个簇的聚合程度会逐渐提高，那么组内误差平方和自然会逐渐变小。并且，当 k 小于真实聚类数时，由于 k 的增大会大幅增加每个簇的聚合程度，故组内误差平方和的下降幅度会很大，而当 k 到达真实聚类数时，再增加 k 所得到的聚合程度回报会迅速变小，所以组内误差平方和的下降幅度会骤减，然后随着 k 值的继续增大而趋于平缓，也就是说组内误差平方和与 k 的关系图是一个手肘的形状，而这个肘部对应的 k 值就是数据的真实聚类数。根据手肘法，结合图 5.11 中组内误差平方和变化曲线，可以确定最佳的聚类个数为四个。

确定聚类个数后，最后便是 K-means 模型的建立与可视化，其 R 语言代码如图 5.12 所示。将之前通过手肘法选择的 k 值输入模型进行聚类，可以通过 print(km_result)等命令查看模型的相关属性。在查看 K-means 模型的基本信息后，可以利用 fviz_cluster()方法对 K-means 的结果进行可视化，得到的可视化结果如图 5.13 所示。

```
#设置随机数种子，保证实验的可重复进行
set.seed(123)
#利用k-mean是进行聚类
km_result <- kmeans(df, 4)
#查看聚类的一些结果
print(km_result)
# 查看每条数据属于的类别
km_result$cluster
#提取类标签并且与原始数据进行合并
movie1 <- cbind(movie1, cluster = km_result$cluster)
#查看每一类的数目
table(movie1$cluster)

#进行可视化展示
fviz_cluster(km_result, data = df,palette = c("#2E9FDF", "#00AFBB", "#E7B800", "#FC4E07"),
            ellipse.type = "euclid",star.plot = TRUE, repel = TRUE,ggtheme = theme_minimal())
```

图 5.12　模型建立与可视化 R 语言代码

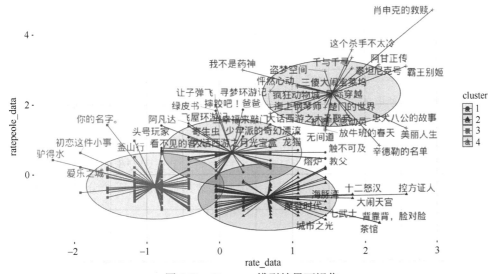

图 5.13　K-means 模型结果可视化

通过 K-means 的可视化操作，我们可以清楚地看到四个类别具体的电影名称。接下来便是发挥想象力的时刻，如何对这些类别进行解释呢？可以看到，右上角圆圈标出的一类，属于评分人数和评分都很高的一类，属于精品老牌电影；左下角的一类，则是评分和评分人数都相对较少的一类。中间的两类，评分相差较小，靠左类别的评分人数多于靠右类别的，说明靠左类别的讨论度高于靠右类别的，属于讨论度较高的电影。通过这样的聚类分析，可以让制片者更加清楚什么电影更受到大众的欢迎且具有高讨论度，以便于做出更加优秀的电影，也有助于影片发行商选择更加有潜力的电影进行发行，数据分析的魅力在此刻体现得淋漓尽致。

更好的数据往往比更好的算法更重要，提取好的特征也需要很大的功夫。如果数据集非常大，那么分类算法的选择可能对最后的分类性能影响并不大（所以可以根据运行速度或者易用性来选择）。

5.5　数据分析陷阱

由于业务复杂度、数据多样、数据分析人员考虑不周等原因，数据分析过程中会有很多陷阱，这里列举几个常见的问题。

1）错误理解相关关系

如果 A 和 B 相关，有至少五种可能性：A 导致 B、B 导致 A、C 导致 A 和 B、A 和 B 互为因果、小样本引起的巧合。不能简单地把相关关系理解为因果关系。相关关系并不代表因果关系。

要证明 A 成立可以导致 B 成立，必须满足如下三个条件：①A 和 B 相关；②A 必须发生在 B 之前；③所有其他的因素 C 都已经被排除。

2）错误的比较对象

在进行数据分析前，要满足对比对象相似和对比指标同质两个要求。对比对象越相似，就越具有可比性，如哈尔滨的 GDP 与美国的 GDP 比较，两者不在一个量级上，相似性弱，可比性较差。对比指标同质，同质可以表现在下面三点：①指标口径范围相同；②指标计算方法相同；③指标计量单位一致。

3）数据抽样的偏差

抽样调查有一个最基本的前提假设，就是抽样必须满足"随机性要求"，也就是在总体中每一个单位被抽取的机会是均等的，不会导致出现倾向性误差。若数据抽样产生了偏差，数据分析结果的真实性便会产生偏差。

4）忽略或关注极值

出现极值情况时，可能是由以下几种情况造成的：①真实发生的极值；②数据分布具有很大的方差，也就是分布存在长尾的情况；③数据可能由若干个分布组成；④人为输入时产生的错误。不同的极值情况要有不同的策略。

5）数据未作归一化

通过数据归一化，可以提升模型的收敛速度（加快梯度下降的求解速度）、提升模型的精度（消除量级和量纲的影响），同时还可以起到简化计算的作用。

6）忽视第三方数据

由于第三方数据的数量和范围较大，它可以用以扩展数据分析的受众，并且更深入地了解数据分析对象。当将第三方数据与第一方数据相结合时，来自第三方的数据尤为强大，也可以保证数据分析的稳健性。

7）过度关注统计指标

所有的指标都有自己的适用范围，在适用范围内指标的指导意义就会比较大。统计指标并不能适用于所有情况，人们的心理、政策的变化、可行性等同样也需要受到关注。

在数据分析工作中，我们要尽力避免落入这些数据分析陷阱，让数据分析更好地发挥作用，避免分析结果对于决策的误导。

5.6 数据分析中的商业洞见

数据分析在现代商业决策中发挥着日益重要的作用。随着信息技术的快速发展，企业可以收集和存储海量的各类数据，从中挖掘出有价值的商业洞见，为更加精准和有效的决策提供支持。

（1）数据分析能够帮助企业深入了解客户需求和行为偏好。通过对销售数据、客户反馈、社交媒体互动等进行分析，企业可以洞察客户群体的特征、消费习惯和偏好趋势，从而制定更加精准和个性化的营销策略。例如，电商平台可以利用推荐算法分析用户浏览和购买记录，向他们推荐个性化的商品，大幅提高转化率。

（2）数据分析有助于优化企业的内部运营效率。通过对生产、物流、人力资源等关键环节的数据进行分析，企业可以发现潜在的问题和瓶颈，采取针对性的改进措施。例如，制造企业可以利用传感器数据实时监控设备运行状况，及时发现故障并进行预防性维护，减少生产中断和原材料浪费。

（3）数据分析能够帮助企业洞察行业发展趋势和市场竞争态势。通过对行业指标、竞争对手动态、市场反馈等进行全面分析，企业可以发现新的市场机会，制订更加有针对性的战略规划。例如，金融机构可以利用大数据分析预测经济走势，优化投资组合，提高收益率。

（4）数据分析在推动企业创新方面也发挥着重要作用。企业可以利用数据驱动的实验和模拟手段，不断优化产品和服务，满足客户不断变化的需求。例如，汽车制造商可以利用虚拟仿真技术，在不同场景下测试新技术方案，大幅缩短产品开发周期。

（5）数据分析有助于提升企业的风险管控能力。通过对历史数据和市场动态进行分析，企业可以更好地识别潜在的风险因素，并采取相应的预防和应对措施。例如，金融企业可以利用风险分析模型，实时监测交易行为是否异常，及时发现并阻止洗钱、欺诈等违法违规行为。

（6）数据分析支持企业进行更加精准的资源配置。企业可以根据各部门、产品线等的数据分析结果，对人力、资金、物料等关键资源进行优化调配，提高整体运营效率。比如，零售企业可以依据门店销售数据和库存情况，优化商品采购和配送方案，减少资金沉淀和仓储成本。

（7）数据分析有助于企业增强决策的科学性和客观性。数据分析能够帮助企业摆脱主观偏好和经验判断的局限，使其做出更加理性和精准的决策。例如，人力资源部门可以利用数据分析方法，客观评估员工的绩效和发展潜力，为晋升、培训等提供依据。

（8）数据分析能够推动企业不断优化业务模式。企业可以根据对客户需求、行业动态等的深入分析，及时调整产品、服务和商业模式，提高市场竞争力。比如，一些传统制造企业正在转型为提供数字化服务的智能制造企业，依靠数据分析洞见不断优化业务。

综上所述，数据分析已经成为企业提升竞争力的关键武器。企业需要持续加强数据收集、管理和分析的能力建设，切实将数据分析融入日常的决策和执行过程中，才能在瞬息万变的商业环境中掌握主动权。

同时，企业在进行数据分析时，也应做到以下几条准则。

（1）企业应以人民为中心，充分利用数据分析手段，深入了解客户的真实需求，提供更加贴心、优质的产品和服务。同时，要主动关注弱势群体的需求，通过数据分析发现并满足他们的特殊需求，促进社会公平正义。

（2）党的二十大报告指出，我们要坚持以推动高质量发展为主题，推动经济实现质的有效提升和量的合理增长[1]。企业应充分利用数据分析，不断创新营销模式，提高产品和服务的创新性，满足人民日益增长的美好生活需要。同时，要注重社会效益，在追求经济效益的同时，关注社会价值的创造。

（3）党的二十大报告指出，推动绿色发展，促进人与自然和谐共生[1]。企业应利用数据分析手段，优化生产、物流、能源等各环节的运营，提高资源利用效率，降低碳排放，为建设美丽中国贡献力量。

数据分析为企业带来了丰富的商业洞见，有助于提升客户服务、优化营销策略、提高运营效率。

---

① 引自 2022 年 10 月 26 日《人民日报》第 1 版的文章：《高举中国特色社会主义伟大旗帜 为全面建设社会主义现代化国家而团结奋斗》。

第 6 章　NBA 胜率预测——基于机器学习的数据分析

NBA（National Basketball Association）全称是美国职业篮球联赛，是北美的男子职业篮球联盟，它的前身是 1946 年成立于纽约的全美篮球协会，1949 年和国家篮球联盟合并后改为现名，联盟总部为曼哈顿中城。NBA 由 30 支球队组成（29 支在美国，1 支在加拿大），分属两个联盟：东部联盟和西部联盟。每个联盟各由三个赛区组成，每个赛区有五支球队。NBA 是北美四大职业体育联赛之一，并被视为全世界水平最高的男子职业篮球组织。

NBA 正式赛季于每年 10 月中开始，分为常规赛、季后赛两大部分。常规赛为循环赛制，每支球队都要完成 82 场比赛；常规赛到次年的 4 月结束（疫情期间延至 5 月），常规赛结束后，东西部各八支球队进入季后赛，其中东西部前六名直接晋级，第七名至第十名将通过附加赛产生最后两个席位。季后赛采用七战四胜赛制，共分四轮；季后赛的最后一轮也称为总决赛，由两个联盟的冠军争夺 NBA 的最高荣誉——总冠军。整个 NBA 赛季当中，常规赛完结之后分区冠军不设奖杯，只给予得奖球队锦旗一个，但联盟冠军及总冠军均设有奖杯和锦旗。

1. 球队怎样赚钱

1）比赛相关收入

门票收入是球队的主要收入之一，NBA 各球队的门票价格按各赛场位置区的优劣远近由几美元到 200—300 美元不等。球迷多，场场爆满，一座难求的球队门票收入更高；如果球队的球迷比较多，看球的人多，广告商也乐意赞助，球队的广告收入也会更多；比赛还有转播，电视台要给转播费，球队的看点、卖点越多，转播的电视台就越多，赚得也越多。

2）周边产品收入

球队可以通过销售周边产品从中以不同的方式抽成赚钱，周边产品包含了一些队伍的球衣、球鞋、水壶、手办等，数不胜数。

3）联盟收入

常规赛和季后赛的成绩对应着一定数量的奖金，也就是说，奖金的多少和球队的实力密切相关。

2. NBA 市场价值

美国著名财经杂志《福布斯》自 1998 年起，每年对 NBA 球队市值进行评估。根据对 NBA 球队评估方案，球队市值主要包括固定资产、经营团队（包括管理层和球员）、特许商品经营权和相关利益分成以及球队品牌等四个部分，分别归纳为球场价值、竞技价值、营销价值及品牌价值。球队市值的评估不包括负债，计算方法是对四个部分分别进行价值评估，然后将评估结果加以累加得出球队总市场价值。如图 6.1 所示，尼克斯队 2021 年度的市场价值达到了 50 亿美元，而且年增长率超过 10%，前八强球队的市值都达到了 25 亿美元以上。

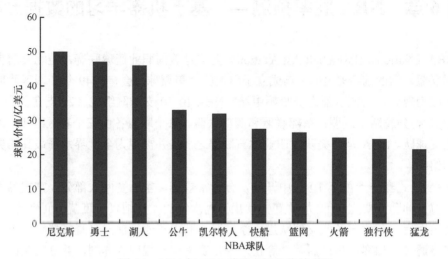

图 6.1　2021 年 NBA 球队市场价值前十强
资料来源：https://www.ppsport.com/article/news/1303745.html

从以上分析可以看出，球队的市场价值和收入非常依赖于球队的竞技实力，因为一个球队的竞技实力越强，越有可能诞生明星球员，获得更多的粉丝，从而有更大的品牌价值和更多的粉丝收入。

球队的竞技实力直接与球队的收入挂钩，预测球队的胜率对球队有重要意义。一方面有利于发现球队在面对不同对手时的优势和不足，帮助球队组织战术，更加科学合理地应对比赛。另一方面，NBA 球员的体能、技术和战术都是由不同的教练训练的，NBA 胜率预测可以帮助教练对球员展开针对性的培训，提前准备，提高获胜的概率，也可以用来评价教练的绩效，提高球队的管理水平。此外，一个球队的实力与每一个球员的水平息息相关，通过进行 NBA 胜率预测，可以更好地评价每一个球员在赛场上的表现，更加科学地评估球员的绩效，帮助球员更好地发挥自身实力[26]。

NBA 球队数量繁多，每一支球队都有一套自身的商业化运作模式，预测球队的胜率非常困难。一方面球员的流动性导致球队的综合实力、优势和不足都在发生变化。另一方面，教练的变化也会对球队的进攻防守战术和技术实力产生很大的影响。正是由于这些变化的存在，每一场比赛的双方队伍的实力都可能与过去不同，很难通过分析做出准确的预测[27]。

6.1　商务决策中的机器学习

6.1.1　机器学习介绍

机器学习是关于计算机基于数据构建概率统计模型并运用模型对数据进行预测与分

析的一门学科。机器学习也称为统计机器学习（statistical machine learning）。

　　机器学习的主要特点是：①以计算机及网络为平台，是建立在计算机及网络上的；②机器学习以数据为研究对象，是数据驱动的学科；③机器学习的目的是对数据进行预测和分析；④机器学习以方法为中心，构建模型并应用模型进行预测和分析；⑤机器学习是概率论、统计学、信息论、计算理论、最优化理论及计算机科学等多个领域的交叉学科，并且在发展中逐步形成独立的理论体系与方法论。

　　赫伯特·西蒙（Herbert A. Simon）曾定义"学习"为："如果一个系统能够通过执行某个过程改进它的性能，这就是学习。"按照这一观点，机器学习就是计算机系统通过运用数据及统计方法提高系统性能的学习器。

6.1.2　机器学习的对象

　　机器学习研究的对象是数据。它从数据出发，提取数据的特征，抽象出数据的模型，发现数据中的知识，又回到对数据的分析与预测中去[3]。作为机器学习的对象，数据是多样的，包括存在于计算机及网络上的各种数字、文字、图像、视频、音频数据以及它们的组合。

6.1.3　机器学习的方法的分类

　　1）监督学习

　　监督学习是指从标注数据中学习预测模型的机器学习问题。标注数据表示输入输出的对应关系，预测模型对给定的输入产生相应的输出。监督学习的本质是学习输入到输出的映射的统计规律。

　　2）无监督学习

　　无监督学习是指从无标注数据中学习预测模型的机器学习问题。无标注数据是自然得到的数据，预测模型表示数据的类别、转换或概率。无监督学习的本质是学习数据中的统计规律或潜在结构。

　　3）强化学习

　　强化学习（reinforcement learning）是指智能系统在与环境的连续互动中学习最优行为策略的机器学习问题。智能系统能观测到的是与环境互动得到的数据序列。强化学习的本质是学习最优的序贯决策。

　　4）半监督学习与主动学习

　　半监督学习是指利用标注数据和未标注数据学习预测模型的机器学习问题。通常有少量标注数据、大量未标注数据，因为标注数据的构建往往需要人工，成本较高，未标注数据的收集不需太多成本。半监督学习旨在利用未标注数据中的信息，辅助标注数据，进行监督学习，以较低的成本达到较好的学习效果。

　　主动学习（active learning）是指机器不断主动给出实例让教师进行标注，然后利用标注数据学习预测模型的机器学习问题。通常的监督学习使用给定的标注数据，往往是随机得到的，可以看作"被动学习"，主动学习的目标是找出对学习最有帮助的实例让相关专家标注，以较小的标注代价，达到较好的学习效果。

6.1.4 机器学习模型的构建步骤

1）收集数据

通常，当有了一个具体问题后，需要去收集数据，有些时候数据是现成的，有些时候则需要去手动收集数据，现在互联网上有很多开放的数据集可供下载，这节省了大量的时间，另外一些网站上的数据可以通过网络爬虫下载，如淘宝上某个商品的评论数据，可以通过 Python 的爬虫程序爬取。

2）准备数据

在真实数据中，我们拿到的数据可能包含了大量的缺失值，可能包含大量的噪声，也可能因为人工录入错误导致有异常值存在，非常不利于算法模型的训练。数据的质量，直接决定了模型的预测准确性和泛化能力的好坏。

这一过程主要包含数据清理、数据变换和数据集划分三个步骤。①数据清理：填补或删除缺失值，处理异常值。②数据变换：特征筛选，维度变换，稀疏化处理，无量纲处理。③数据集划分：数据集一般划分为三部分，即训练集（60%）、验证集（20%）、测试集（20%），训练集用来训练模型，验证集用来测试训练好的模型的泛化能力，测试集用于预测。

3）模型选择与训练

模型选择依赖于问题和数据，例如，如果数据有标签，则选择监督学习模型，否则为无监督学习模型，如果数据为图片数据，则一般会考虑卷积神经网络等模型，如果目标是用来分类，那么应该选择分类模型，以此类推。在模型的实际选择时，通常会考虑尝试不同的模型对数据进行训练，然后比较输出的结果，选择最佳的那个。

4）模型评估与优化

模型评估主要看模型对数据在验证集上的泛化能力，如果模型在训练集上拟合得好，但是在验证集上拟合得很差，说明模型过拟合，如果模型在训练集上拟合得比较差劲，说明模型欠拟合，或者是模型的选择、数据有问题。此外，为了使模型的训练效果更优，还要对所选的模型进行调参，这就需要对模型的实现原理有更深的理解。

6.2 常用商务决策中的机器学习模型

6.2.1 线性回归

线性回归是最简单的机器学习模型，也是学习机器学习的起点。它假设因变量与自变量之间是线性关系。线性回归是一种监督学习方法，它的数据集由两部分组成，分别是多个特征变量和因变量，如我们要去预测一名大学毕业生的起薪高低，因变量就是大学毕业生的起薪，即式（6.1）中的 y，特征变量则可以包含如学校、专业、地域、该学生的成绩、该学生是否有实习经历等，这些特征变量组成了线性回归的特征空间，即式

（6.1）中的 X。

$$y = \begin{bmatrix} y_1 \\ y_2 \\ \vdots \\ y_n \end{bmatrix}, \quad X = \begin{bmatrix} X_1^{\mathrm{T}} \\ X_2^{\mathrm{T}} \\ \vdots \\ X_n^{\mathrm{T}} \end{bmatrix} = \begin{bmatrix} 1 & x_{11} & \cdots & x_{1p} \\ 1 & x_{21} & \cdots & x_{2p} \\ \vdots & \vdots & & \vdots \\ 1 & x_{n1} & \cdots & x_{np} \end{bmatrix} \tag{6.1}$$

线性回归假设特征变量的线性组合可以来表示 y，ε 表示误差项，即特征变量无法解释的东西，一般假设它服从正态分布。

$$f(X) = X\beta + \varepsilon \tag{6.2}$$

$$\beta = \begin{bmatrix} \beta_0 \\ \beta_1 \\ \beta_2 \\ \vdots \\ \beta_p \end{bmatrix}, \quad \varepsilon = \begin{bmatrix} \varepsilon_1 \\ \varepsilon_2 \\ \vdots \\ \varepsilon_n \end{bmatrix} \tag{6.3}$$

$$\beta^* = \operatorname*{argmin} \sum_{i=1}^{n} \left(f(x_i) - y_i \right)^2 \tag{6.4}$$

线性回归通过最小化真实值和预测值的最优化的均方误差来求解模型中的参数，一般可以通过最小二乘法或者通用的优化算法，如梯度下降法、牛顿法等来求解。图 6.2（a）中的点表示数据，实线表示拟合后的模型，可以看到当特征变量和因变量存在线性关系时，线性回归的拟合效果较好。总的来说，线性回归是一种十分简单的机器学习模型，能够学习到特征变量和因变量的线性关系，计算方便，但是当特征变量与数据存在非线性关系时[图 6.2（b）]，线性回归就难以刻画了。

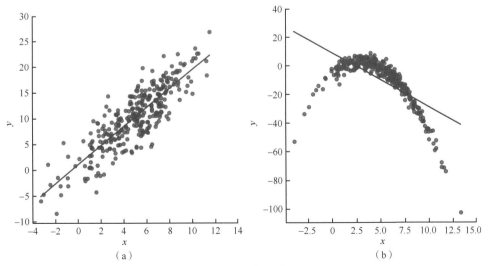

图 6.2　线性回归

6.2.2 Logistic 模型

线性回归能够拟合线性关系，但是无法应用到分类问题上，如根据双方球队的特征（如队员平均年龄、三分球命中率等）来预测某一支球队的胜率，特征变量的线性组合的值域范围是整个实数空间 $(-\infty, +\infty)$，而因变量的值只有 0 和 1，1 表示属于某一类，0 表示不属于这一类，属于另外一类，这时候线性回归很难学习到分类规律，必须将特征空间映射到 $y \in \{0,1\}$。逻辑回归使用的是逻辑斯蒂函数（Logistic Function），如图 6.3 所示，它将式（6.5）中的 z 映射到 $(0,1)$ 之间，如果将 z 替换成线性回归中的特征的线性组合 $X\beta$，那么就可以把特征的线性组合映射到 $(0,1)$ 之间用来表示概率，逻辑回归得到的是有该特征的样本属于某一类的概率，一般情况下设置分类的界限值为 0.5，即当这个概率值超过了 0.5 时，我们就认为这个样本属于某一类。

$$y - \frac{1}{\left(1 + e^{-z}\right)} \tag{6.5}$$

$$y = \frac{1}{\left(1 + e^{-(X\beta + \varepsilon)}\right)} \tag{6.6}$$

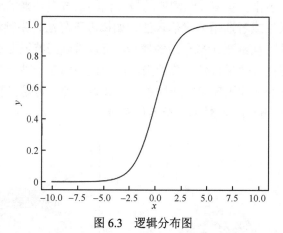

图 6.3　逻辑分布图

逻辑回归模型中的参数一般可以通过最大似然估计来求解，通过牛顿法、梯度下降法等通用的优化算法来估计参数。

6.2.3 支持向量机

支持向量机是一种监督式学习的方法[28]，可广泛地应用于分类问题中。支持向量机的基本思想是求解能够正确划分训练数据集并且几何间隔最大的分离超平面 $w^{T}x + b = 0$，如图 6.4 所示。对于线性可分的数据集来说，能够将两类数据集分隔开的超平面有无穷多个，那超平面之间必然是存在优劣的，直觉上来看，距离样本太近的直线肯定不是最优的，因为这样的直线对噪声的敏感度高，泛化性能差，因此我们的目标是找到距离所有的样本点最远的超平面，而且它是唯一的，如图 6.4（a）所示，这样的模型叫作硬间隔支持向量机，因为它总能找到一个最优的超平面将线性可分的数据集完全分开。

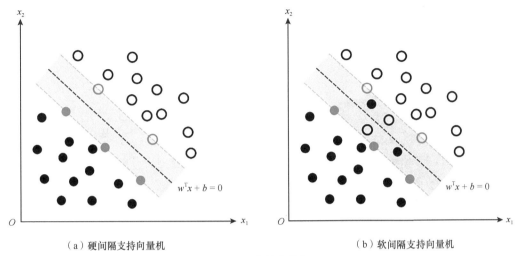

（a）硬间隔支持向量机　　　　　（b）软间隔支持向量机

图 6.4　支持向量机

然而在现实生活中，数据往往本身就是近似线性可分或本身就是非线性可分的，对于第一种情况，数据近似线性可分，意味着数据是线性可分，但是含有噪声，如图 6.4（b）所示，在这种情况下，我们的解决思路是找到一个超平面，尽可能地将数据类别分对，同时又使得其他的样本点到超平面的间隔尽可能地大。对于第二种情况，数据是非线性可分的，如图 6.5 所示，可以通过非线性变换将它转化为某个特征空间中的线性分类问题，主要方法是通过核函数运算替代内积运算[29]，这种核技巧使得支持向量机对于非线性可分的数据同样有很强的拟合能力。

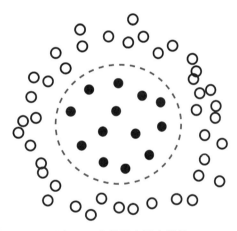

图 6.5　非线性支持向量机

6.2.4　决策树模型

决策树模型是一种基本的分类与回归方法。模型呈树形结构，在分类问题中，它表示基于特征对实例进行分割的过程，可以认为是 if-then 规则的集合，其主要优点是模型具有可读性，分类速度快。例如，假设有一批大学毕业生的求职数据，包含该毕业生收到的 offer（录取通知）条件以及该毕业生是否接受 offer，一个毕业生可能会收到多个 offer。决策树在构造时，根据样本的某个属性是否满足条件进行分叉，并依次遍历其他属性。如果一个毕业生收到的 offer 年薪高于 50 万元，那么就直接接受这个 offer，否则比较下一个属性——是否按时下班？如果按时下班（但年薪低于 50 万元）也接受这个 offer，否则继续比较下一个条件——是否提供食宿？如果年薪低于 50 万元，还不能按时下班，还不提供食宿则拒绝这个 offer，如图 6.6 所示。决策树要学习的就是哪一个属性更重要，即该情境中是年薪，以及是否按时上下班、是否提供食宿，"50万元"这个分水岭会直接影响到毕业生的选择。以上就是一个决策树模型的构造过程，常见的决策树算法有 ID3 算法、C4.5 算法和 CART（classification and regression trees，分类回归树）算法[30]。给定新的数据，按照决策树的结构，对各个指标依次进行判断，就可以得到最终的分类结果。

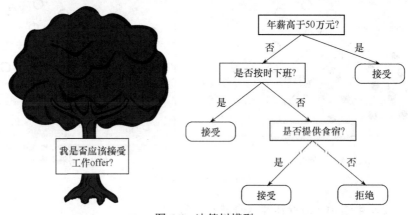

图 6.6　决策树模型

决策树对训练集有很好的分类能力，但是在验证集上未必有很强的泛化能力，有可能发生过拟合现象。随机森林通过对数据进行随机取样生成多组样本，训练多个决策树模型，如图 6.7 所示，当进行新数据预测时，将新数据代入到每一棵决策树中，每一棵决策树都能得到一种分类结果，所有的决策树表决结果，或者票数最多的类别就是最终的分类结果[31]。

图 6.7　随机森林模型

6.2.5　感知机模型

感知机是一种简单且易于实现的二分类判别模型，主要思想是通过误分类驱动的损失函数结合梯度下降法求解一个超平面将线性可分的数据集划分为两个不同的类别（+1 类和-1 类）。例如，在一个教室中有很多的男孩和女孩，感知机的模型就是尝试找到一条直线，能够把所有的男孩和女孩区分开。放到三维空间或者更高维的空间，感知机的模型就是尝试找到一个超平面，能够把所有的二元类别区分开。

如图 6.8 所示，圆圈和三角形分别表示两种不同并且可以区分开的类别（类别可以任意取），x_1 和 x_2 分别表示两个特征，感知机模型就是在数据集中找到一个超平面 $w^T x + b = 0$，尽可能将数据完美地分开[图 6.8（a）]，同时也可以看出感知机模型要求数据是线性可分的，如果数据线性不可分，那么感知机模型的学习效果较差，需要通过其他模型来进行预测[图 6.8（b）]。

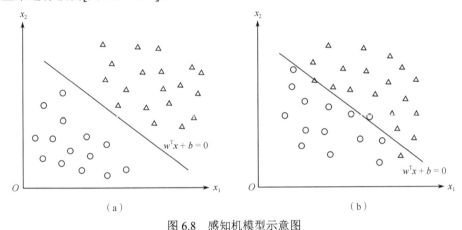

图 6.8　感知机模型示意图

6.2.6　神经网络模型

历史上，科学家一直希望模拟人的大脑，造出可以思考的机器。人为什么能够思考？科学家发现，原因在于人体的神经网络。一个生物神经元通常具有多个树突和一个轴突，如图 6.9 所示，树突用来接收信息，轴突用来发送信息。当神经元所获得的信号的积累超过了某个阈值时，它就会处于兴奋状态，产生电脉冲。轴突尾端有许多末梢可以给其他神经元上的树突产生连接，并将电脉冲信号传递给其他神经元[32]。

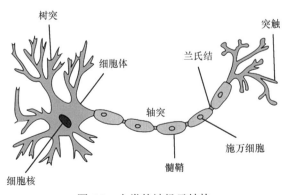

图 6.9　人类的神经元结构
资料来源：维基百科

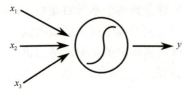

图 6.10 深度学习中的神经元结构

1943 年，心理学家 McCulloch（麦卡洛克）和数学家 Pitts（皮茨）根据生物神经元结构提出了 MP 神经元，现代神经网络的神经元较 MP 神经元没有太多变化，如图 6.10 所示，给定一组输入 $x=[x_1,x_2,x_3]$，它们的线性组合经过一个激活函数 f 的运算，得到输出 y，即 $y=f(wx+b)$。

激活函数在神经元中非常重要，为了增强网络的表示能力和学习能力，激活函数需要具备以下几点性质。

（1）连续并可导（允许少数点上不可导）的非线性函数，可导的激活函数可以直接利用数值优化的方法来学习网络参数。

（2）激活函数及其导函数要尽可能的简单，有利于提高网络计算效率。

（3）激活函数的导函数的值域要在一个合适的区间内，不能太大也不能太小，否则会影响训练效率和稳定性。

常用的激活函数有 Sigmoid 函数和 ReLU（rectified linear unit，修正线性单元）函数等。

Sigmoid 函数是指一类 S 形曲线函数，为两端饱和函数，常用的 Sigmoid 函数有 Logistic 函数和 Tanh 函数。Logistic 函数定义为

$$\sigma(x)=\frac{1}{1+\exp(-x)} \tag{6.7}$$

Logistic 函数可以看成是一个"挤压"函数，把一个实数域的输入"挤压"到 0 和 1 之间，当输入值在 0 附近时，Sigmoid 函数近似为线性函数；当输入值靠近两端时，对输入值进行抑制。输入越小，越接近于 0；输入越大，越接近于 1。这样的特点也和生物神经元类似，对一些输入会产生兴奋（输出为 1），对另一些输入产生抑制（输出为 0），Logistic 函数是连续可导的，数学性质好。因为 Logistic 函数的性质，使得使用了 Logistic 函数的神经元具有以下两个优点：①其输出可以直接看作概率分布，使得神经网络可以更好地和统计学习模型进行结合；②其可以看作一个软性门，用来控制其他神经元输出信息的数量。

ReLU 函数也叫 Rectfier 函数（整流函数），是目前神经网络中经常使用的激活函数，它定义为

$$\text{ReLU}(x)=\begin{cases} x, & x\geqslant 0 \\ 0, & x<0 \end{cases}=\max(0,x) \tag{6.8}$$

采用 ReLU 函数的神经元只需要进行加、乘和比较操作，计算上更加高效，ReLU 函数也被认为具有生物学合理性，如单侧抑制、宽兴奋边界（即兴奋程度可以非常高）。在生物神经网络中，同时处于兴奋状态的神经元非常稀疏。人脑中在同一时刻大概只有 1%—4% 的神经元处于活跃状态。Sigmoid 函数会导致一个非稀疏的神经网络，而 ReLU 函数却具有很好的稀疏性，大约有 50% 的神经元会处于激活状态。在优化方面，相比于 Sigmoid 函数的两端饱和，ReLU 函数为左饱和函数，且在 $x>0$ 时导数为 1，在一定程度

上缓解了神经网络的梯度消失问题，加速梯度下降的收敛速度。但是 ReLU 函数的输出是非零中心化的，给后一层的神经网络引入偏置偏移会影响梯度下降的效率。此外 ReLU 神经元在训练时比较容易 "死亡"。在训练时如果参数在一次不恰当地更新后，第一个隐藏层中的某一个 ReLU 神经元在所有的训练数据上都不能被激活，那么这个神经元自身参数的梯度永远都会是 0，在以后的训练过程中也永远不能被激活。这种现象被称为 "死亡 ReLU 问题"，并且也有可能发生在其他隐藏层[33]。在实际的使用中，为了避免上述情况，常常使用 ReLU 的几种变体：带泄露或带参数的 ReLU、ELU（exponential linear unit，指数线性单元）函数，这些激活函数在软件包中都提供了相应的 API（application program inferface，应用程序接口），不需要我们手动实现。

单个的神经元已经构成了一个简单的决策模型，已经可以拿来用了。真实世界中，实际的决策模型往往非常复杂，其是一个由很多个神经元组成的多层网络，如图 6.11 所示。一个典型的神经网络由三部分组成，分别是输入层、隐含层和输出层，输入层代表了输入数据的维度，隐含层包含了很多的神经元结构且一般会包含多层神经元，深度学习中的 "深度" 就来源于隐含层的层数，输出层为输出数据的维度。

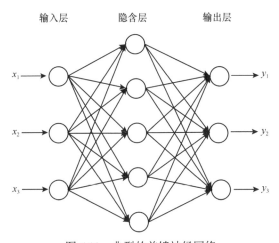

图 6.11　典型的前馈神经网络

从图 6.11 中也可以看出整个网络中的信息都是朝着一个方向传播的，每一层神经元接受前一层神经元的输出，并输入到下一层神经元，没有反向的信息传播，这种神经网络模型叫作前馈神经网络，前馈神经网络包含全连接前馈神经网络和卷积神经网络两种，全连接前馈神经网络是指下一层的每一个神经元都能获取到上层所有神经元的信息，图 6.11 即是一个全连接前馈神经网络，而卷积神经网络则用到了卷积运算来提取特征，虽然信息是向前传播的，但是不能保证下一层的每一个神经元都能获取到上层所有神经元的信息，卷积神经网络多用于处理图片、视频数据等。

到目前为止，研究人员已经发明了各种各样的神经网络结构，目前常用的神经网络的结构有三种，一种是前文介绍的前馈神经网络，另外两种是记忆网络和图网络。

记忆网络，也叫作反馈网络，网络中的神经元不但可以接收其他神经元的信息，也可以接收自身的历史信息。与前馈神经网络相比，记忆网络中的神经元具有记忆功能，在不同的时刻具有不同的状态。记忆网络中的信息传播可以是单向或双向传递。记忆网络包括循环神经网络、Hopfiled 网络、玻尔兹曼机、受限玻尔兹曼机等。此外，为了增强记忆网络的记忆容量，可以引入外部记忆单元和读写机制，用来保存一些网络的中间状态，成为记忆增强神经网络，如神经图灵机等，这一部分的拓展模型可以参考邱锡鹏的《神经网络与深度学习》一书。

前馈神经网络和记忆网络的输入都可以为向量或者向量序列。但实际应用中，很多数据是图结构的数据，如知识图谱、社交网络等，前馈神经网络和记忆网络很难处理图结构的数据。图网络是定义在图结构数据上的神经网络，图中的每一个节点都由一个或一组神经元构成。节点之间的连接可以是有向的也可以是无向的。每个节点可以收到来自相邻节点或自身的信息。图网络是前馈神经网络和记忆网络的泛化，包含很多不同的实现方式，如图卷积神经网络和图注意力神经网络等。该部分的模型可以参考相关会议论文。

6.2.7　K 折交叉验证

在机器学习建模过程中，通常是将数据分为训练集、验证集和测试集。测试集是独立的数据，完全不参与训练，而是用于最终模型的评估。在训练过程中，经常会出现过拟合的问题，就是模型可以很好地匹配训练数据，却不能很好地预测训练集外的数据。如果此时就使用测试数据来调整模型参数，就相当于在训练时就已知部分测试数据的信息，会影响最终评估结果的准确性。通常的做法是在训练数据中再分出一部分作为验证数据，用来评估模型的训练效果，如图 6.12 所示，当数据量很大时这种方法是有效的。

图 6.12　传统的数据集划分方法

但是当数据量很小时，这种传统的数据集划分方法，可能会使训练集中的数据很少，而且模型不能使用全部数据来训练参数，导致模型不能得到有效训练而在测试集和验证集上的效果较差。

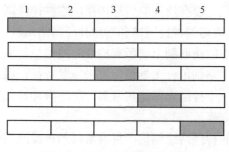

图 6.13　5 折交叉验证示意图

K 折交叉验证（K-folder cross validation）[34] 就是将数据集中的训练集和验证集部分先合并成一个数据集，然后将数据随机分成 K 份，依次取其中 1 份为验证集，剩下 $K-1$ 份为训练集，如图 6.13 所示，建立 K 个模型分别训练，将得到的误差加权平均就得到模型在该数据集上的总的训练误差。这样能够利用全部数据参与训练，在一定程度上防止模型欠拟合。

6.3　商务决策中机器学习模型的程序实现

6.3.1　scikit-learn

在工程应用中，手写代码来从头实现一个算法的可能性非常低，这样不仅耗时耗力，还不一定能够写出构架清晰、稳定性强、运算性能足够的代码。更多情况下，是分析采集到的数据，根据数据特征选择适合的算法，调用专业程序员写的算法工具包，调整模型的参数，来得到理想的结果，避免了低效劳动，如果读者对于算法的实现细节感兴趣，可以去阅读相关论文和工具包的源代码，并试着复现作者的实现思路。scikit-learn[35]正是这样一个高效的实现了各种各样的机器学习算法的工具包。其中常用的模块有分类、回归、聚类、降维、模型选择、预处理等。

（1）分类。识别某个对象属于哪个类别，常用的算法有：支持向量机、最近邻、随机森林。

（2）回归。预测与对象相关联的连续值属性，常见的算法有：支持向量机、岭回归、LASSO 回归。

（3）聚类。将相似对象自动分组，常用的算法有：K 均值聚类。

（4）降维。减少要考虑的随机变量的数量，常见的算法有：主成分分析、特征选择、非负矩阵分解。

（5）模型选择。比较、验证、选择参数和模型，常用的模块有：网格搜索、交叉验证、度量。

（6）预处理。特征提取和归一化，常用的模块有：预处理、特征提取，主要用于把输入数据（如文本）转换为机器学习算法可用的数据。

6.3.2　PyTorch

PyTorch[36]是一个基于 Torch 的 Python 深度学习库。它是由 Facebook 的人工智能研究小组在 2016 年开发的。PyTorch 的编码要求与 Python 一致，可以像写 Python 代码一样设计深度学习模型，代码逻辑清晰，易于调试和更新迭代，它还支持 GPU（graphics processing unit，图形处理单元）运算，减少了运行代码所需的时间，提高了系统的整体性能。PyTorch 官方网站上有详细的安装教程和使用文档，建议有独立显卡的用户安装GPU 版本的 PyTorch，可以获得更好的性能。

PyTorch 是一个灵活强大的深度学习库，在商务决策中也有广泛的应用，如以下几个方面。

（1）预测分析：基于 PyTorch 构建的深度神经网络模型，可用于销量预测、客户流失预测等复杂非线性问题。结合时间序列分析，PyTorch 还可应用于股票走势预测、财务预算等场景。

（2）风险控制：PyTorch 的异常检测算法可用于识别金融交易中的欺诈行为。结合强化学习，PyTorch 还可用于优化投资组合，提高风险调整后收益。

（3）推荐系统：PyTorch 提供的深度学习推荐模型，可用于个性化商品/内容推荐，提升客户转化率。结合知识图谱等技术，PyTorch 还可支持基于内容的智能推荐。

（4）自然语言处理：PyTorch 的语言模型，可用于分析客户反馈，提取洞见支持决策。情感分析等自然语言处理技术，可帮助企业了解客户情绪，优化服务体验。

总的来说，PyTorch 凭借其灵活性和 GPU 加速能力，为企业在复杂的商务决策问题上提供了强大的深度学习解决方案。

6.3.3 TensorFlow

TensorFlow 是谷歌开发的开源机器学习框架，广泛应用于商业预测分析和风险控制等领域。TensorFlow 提供了丰富的深度学习模型和工具，使得开发和部署复杂的机器学习应用变得更加高效和灵活。

在商务决策中，TensorFlow 可以帮助企业构建各种预测模型，主要包括以下几种。①销售预测：利用历史销售数据、市场因素等训练深度学习模型，预测未来销量和收入。②客户流失预测：基于客户行为数据，训练深度神经网络模型，识别潜在流失客户并采取针对性措施。③信用评估：结合客户信用记录、财务状况等数据，建立深度学习模型进行自动化信用评分。④欺诈检测：利用异常检测等深度学习技术，识别财务交易中的异常情况，有效防范欺诈风险。

此外，TensorFlow 的灵活性还允许企业根据实际需求，快速定制和迭代机器学习模型，为商务决策提供强有力的支持。

6.3.4 XGBoost

XGBoost 是一种高性能的梯度提升决策树算法，在各种机器学习竞赛和商业应用中屡次展现出优异表现，尤其在客户流失预测和信用评分等商务决策问题上表现出色。

相比传统的决策树算法，XGBoost 有以下优势。①更高的预测准确性：通过前向分布算法和正则化技术，XGBoost 可以构建出更强大的预测模型。②更快的训练速度：XGBoost 使用了并行化处理和外存算法，大幅提高了训练效率。③更好的可扩展性：XGBoost 能够高效处理大规模数据，适合于企业级商业应用。

在客户流失预测中，XGBoost 可以利用客户的历史行为数据、人口统计特征等，准确识别哪些客户存在流失风险。企业据此可以采取个性化的挽留措施，提高客户活跃度和满意度。

在信用评分中，XGBoost 可以结合客户信用记录、财务状况等多元数据，构建出更加准确可靠的信用评估模型，帮助企业更好地控制风险。

6.4 使用 Logistic 模型预测 NBA 球队的胜率

本节将基于 2015—2016 年的 NBA 常规赛及季后赛的比赛统计数据，使用 Logistic 模型预测 2016—2017 年常规赛赛事的结果。

数据集来自 https://www.basketball-reference.com，在这个网站中，可以看到不同球员、队伍、赛季和联盟比赛的基本统计数据，如得分、犯规次数、胜负次数等情况。如表 6.1 所示，本节主要使用以下数据来统计每个队伍的信息。①Team Per Game Stats：队伍在 2015—2016 年的 NBA 常规赛的平均每场比赛的表现统计，主要包括投球命中次数、助攻、篮板球总数、得分等。②Opponent Per Game Stats：队伍在 2015—2016 年的 NBA 常规赛的对手的平均每场比赛的表现统计，所包含的统计信息与 Team Per Game Stats 一致，只是代表的是该球队的对手的统计信息。③Miscellaneous Stats：队伍的综合统计数据，包含了该队伍参加过的所有比赛的统计信息，主要包含胜利次数、失败次数、有效投射百分比、等级分。

表 6.1　变量含义

项目	变量	变量含义
平均每场比赛的统计信息	FG	投球命中次数
	AST	助攻
	TRB	篮板球总数
	PTS	得分
综合统计信息	W	胜利次数
	L	失败次数
	eFG%	有效投射百分比
	ELO	等级分

特征变量为队伍一的综合统计信息和平均每场比赛的统计信息，队伍二的综合统计信息和平均每场比赛的统计信息，因变量为 0-1 变量，如果队伍一获胜，则因变量为 0，如果队伍二获胜，则因变量为 1。

Python 程序如下。

```
import numpy as np
from sklearn import linear_model
from sklearn.model_selection import cross_val_score

# 训练模型
data = np.loadtxt("./data.txt") #'
X, y = data[:, :24], data[:, 24]
model = linear_model.LogisticRegression(random_state=0)
model.fit(X, y)
print(cross_val_score(model, X, y, cv=10, scoring="accuracy",
n_jobs=-1).mean())

# 预测
feature = np.loadtxt("./x_2_pred.txt").reshape(1, 24)
result = {}
team1 = "New York Knicks"
```

```
team2 = "Cleveland Cavaliers"
pred = model.predict_proba(feature)
prob = pred[0][0]
if prob > 0.5:
    winner = team1
    loser = team2
    result["{}:{}".format(winner, loser)] = prob
else:
    winner = team2
    loser = team1
    result["{}:{}".format(winner, loser)] = 1 - prob
print(result)
```

结果显示，经过 10 折交叉验证得到模型在训练集上的精确度为 69.1%，给定一个新的数据 Cleveland Cavaliers（克里夫兰骑士）对战 New York Knicks（纽约尼克斯）的胜率为 88.0%。

第7章 前沿商务数据分析举例

7.1 背 景 介 绍

在生产的过程中，资源往往都是有限的，因此通过评估决策单元（decision making units，DMU）的技术效率可以为后续的资源分配、生产调整、收入管理等各种目标提供一定的指导意见。绩效评估有着广泛的应用场景，如一个企业会评估每个员工的绩效，一个生产企业会判断其生产过程的效率水平，一个医院会评估其运营效率，等等。

在绩效评估中，一个简单的想法是用产出/投入来获得其投入产出比，从而衡量企业的绩效或者效率。在经济领域，技术效率通常是指一个单位达到行业顶尖水平的程度。下面通过一个小例子来解释。如表 7.1 所示，先来考虑只存在一种投入和一种产出的情况。在这种情况下，可以通过计算单个产出与单个投入的比值，来获得各个单位的技术效率。为了更好地衡量各个单位的效率情况，可以将前面得到的效率值除以最大的效率值，这样就可以将效率值标准化，从而可以比较各个单元的效率情况，反映被评价单元与最优单元之间的差距[37]。

表 7.1　用投入产出比测量技术效率

单位	x（投入）	y（产出）	y/x	y/x（标准化）
A	10	9	0.900	0.982
B	12	11	0.917	1.000
C	26	14	0.538	0.587
D	48	13	0.271	0.295
E	31	18	0.581	0.633
F	45	22	0.489	0.533
G	56	16	0.286	0.312

上面的方法非常简单，但是适用范围较小，仅仅只在单投入和单产出时适用。如果在生产过程非常复杂，涉及的投入和产出也比较多的情况下，就不能仅仅通过计算投入产出比来获得效率值。这时，可以通过加权的方法，来将多投入和多产出的情况转化成单投入和单产出的情况，接着计算加权后的产出和投入比值，从而得到想获得的技术效率值。

这里假设存在 m 种投入和 q 种产出，将各个投入加权后可以表示为

$$v = v_1 x_1 + v_2 x_2 + \cdots + v_m x_m \tag{7.1}$$

同样地，将各个产出加权后可以表示为

$$u = u_1 y_1 + u_2 y_2 + \cdots + u_q y_q \tag{7.2}$$

接下来会存在一个问题，即如何对不同的投入和产出进行加权？即如何来确定各种不同的投入和产出之间的相对重要程度？对于这种情况，一种方法是可以采用主观的方

法，即通过人工来对不同的投入、产出进行加权。但是这样会存在主观性的问题，因为人工赋权会带有人的主观性，从而对结果造成一定的偏差。权会带有主观偏差。另外一种方法是通过原始数据来获得投入和产出的权重，在 7.2 节，我们将阐述这种方法。

7.2 数据包络分析

本节首先将介绍一种名为数据包络分析（data envelopment analysis，DEA）的方法，该方法在绩效评估领域有着广泛的应用。其次，将运用基于 DEA 的方法来进行 NBA 预测[38]，下面对 DEA 进行简单的介绍。

DEA[39]最早由 Charnes（查尔斯）等在 1978 年提出，它是一种非参数方法，换句话说，它不需要知道前沿面的具体形式，只需要知道投入和产出的数据即可。DEA 方法主要有两个优点：①不需要提前指定投入/产出之间的生产函数关系；②投入和产出指标的相关权重可以通过原始数据直接求出，因此可以避免主观设定带来的影响。正是由于上述的优点，DEA 在多投入和多产出的场景下具有较好的表现，目前已经运用于多种场景下的效率评估，例如，在生产、体育、运输、金融、能源等领域的绩效评价。下面我们对该方法进行简单的介绍。

在 DEA 中，决策单元[40]是指将一定的投入转化为产出的实体。例如，一个企业、一家医院、一个机场，甚至是一个国家等。DEA 的理论认为，决策单元一般要求具有同质性，即具有以下特点：①具有一样的目标和任务；②具有一样的外部环境；③具有一样的投入、产出指标。

假设一个决策单元有 l 项投入，记为 $x = (x_1, \cdots, x_m)^T$，有 F_t 项产出，记为 $y = (y_1, \cdots, y_s)^T$，则该决策单元的所有可能的生产活动构成的生产可能集如式（7.3）所示。

$$T = \{(x, y) | \text{产出 } y \text{ 能用投入 } x \text{ 生产出来}\} \tag{7.3}$$

若有 n 个决策单元，其中决策单元 $j(j=1,\cdots,n)$ 的投入和产出为 $x_j = (x_{1j}, \cdots, x_{mj})^T$、$y_j = (y_{1j}, \cdots, y_{sj})^T$，显然有 $(x_j, y_j) \in T \ (j=1,\cdots,n)$，那么我们称以 $(x_j, y_j) \ (j=1,\cdots,n)$ 为元素的集合为参考集，记为

$$\tilde{T} = \{(x_j, y_j) | j=1,\cdots,n\} \tag{7.4}$$

CCR 模型①是最早的 DEA 模型，由 Charnes 等在 1978 年提出。通过该模型可以计算出每个决策单元的相对效率。在此之后，DEA 方法得到了快速的发展，不断有人提出新的模型，来适应不同的生产环境。例如，Banker（班克）等提出的 BCC 模型②，Tone（托恩）提出的 SBM（slack-based measurement，基于松弛值测量）模型等。一般来说，某个决策单元的 DEA 效率值是相对于其在有效生产前沿面的投影点而言的，即相对效率。如果评价的决策单元位于生产前沿面上，则可以认为该决策单元是 DEA 有效或弱有

---

① CCR 模型指 Charnes、Cooper、Rhodes，即查尔斯、库珀、罗兹模型。
② BCC 模型指 Banker、Charnes、Cooper 模型，即班克、查尔斯、库珀模型。

效, 其效率值为 1, 因为它的投影点就是它本身。如果评价的决策单元不在生产前沿面
上, 则该决策单元的效率值一般小于 1, 称其为 DEA 无效。

用一个例子来说明相对效率的概念, 假设想要评估每个仓库的效率。对于每个仓库,
已知每月处理的订单总数 (以数百个订单表示) 和仓库员工总数。其中, 以订单数量作为
产出, 员工数量作为投入。我们感兴趣的是以每个员工的平均工作量 (已处理的订单) 作
为仓库生产力的衡量标准。表 7.2 显示了五个仓库的相关数据。图 7.1 显示了数据的图像。

表 7.2 仓库的效率比

基本信息	仓库				
	A	B	C	D	E
员工数/人	12	12	5	10	6
订单数/个	6	9	5	2	6
效率比	0.5	0.75	1.0	0.2	1.0

注: 效率比=订单数/员工数

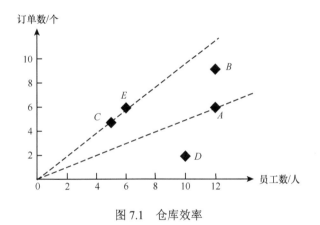

图 7.1 仓库效率

从工作量与员工规模的角度来看, 仓库 C 和 E 是最有效的, 即它们每单位投入产生
最高的产出。用另一种方式表示, 如果在图 7.1 中构造一条从原点发出的射线, 并且所
有决策单元数据都在这条射线的上方或下方, 那么通过点 C 和 E 的射线可以被视为最佳
实践。这条射线具有最大的斜率, 同时仍然通过至少一个决策单元点。而 OA 的斜率是
OE 的斜率的二分之一, 所以 A 的效率也是 E 的效率的二分之一。

为了更好地理解 DEA 的相对效率, 我们继续介绍生产前沿面的概念。图 7.2 是投入
导向型的例子, 在该例中有两个投入、一个产出, 在该图中有三个决策单元, 即分别是
A、B、C, 决策单元 A 和决策单元 B 在有效生产前沿面上。因此, 根据前文可知, 决策
单元 A 和 B 都是 DEA 有效的, 其效率值为 1, 并且它们在有效生产前沿面的投影是它本
身。决策单元 C 位于有效生产前沿面的右侧, 因此根据前文可知, 该决策单元是 DEA
无效。从原点作一条射线穿过 C 点, 该射线会与有效前沿面产生一个交点 C'。因此, 通
过计算 OC' 和 OC 的比值 OC'/OC, 便可以得到该决策单元的相对效率, 可以看出该效率
值始终是小于 1 的。

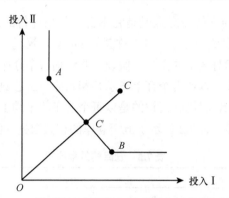

图 7.2 双投入单产出的投入导向型有效前沿面过程

在上面的例子中，从投入的角度了解了什么是有效前沿面，接下来从产出的角度来了解什么是有效前沿面。图 7.3 是产出导向型的例子，在该例子中存在两个产出和一个投入。

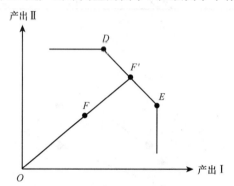

图 7.3 单投入双产出的产出导向型有效前沿面过程

比较图 7.2 和图 7.3 可以看出，投入导向型的有效前沿面位于坐标轴的左下方。与此相反，产出导向型在右上方。其原因在于坐标代表的指标不同，图 7.2 的坐标轴表示的是投入指标，那么如果生产的产出一定时，投入越少则生产的效率就越高。而图 7.3 的坐标轴表示的是产出指标，所以投入一定时，产出越多则效率越高。在图 7.3 中也存在三个决策单元，分别是 D、E 和 F，其中决策单元 D 和 E 位于有效生产前沿面上，为有效前沿面，效率为 1。决策单元 F 则位于有效前沿面的左下方，所以为无效的决策单元。与投入导向型的图例类似，我们通过原点 O 可以作一条射线穿过 F，该射线会与有效前沿面产生一个交点 F'，该点便是无效决策单元 F 在有效前沿面上的投影点。因此通过计算 OF 和 OF' 比值 OF/OF'，我们便可以求得该决策单元的相对效率值[41]。

在前面我们提到了第一个 DEA 模型是 CCR 模型，该模型是基于规模收益不变（constant return to scale，CRS）的假设下建立的。下面我们对 CCR 模型进行简要的介绍，该模型如式（7.5）所示，通过在加权投入产出比小于 1 的约束下，最大化被评价决策单元的加权投入产出比，我们便可以得到该决策单元的相对效率值。

$$\max \frac{\sum_{r=1}^{s} u_r y_{rk}}{\sum_{i=1}^{m} v_i x_{ik}}$$

$$\text{s.t.} \frac{\sum\limits_{r=1}^{s} u_r y_{rj}}{\sum\limits_{i=1}^{m} v_i x_{ij}} \leqslant 1 \qquad \forall j \tag{7.5}$$

$$u_r, v_i \geqslant 0, \quad \forall r, i$$

为方便求解，式（7.5）规划模型可经过 Charnes-Cooper 变换转化为线性规划，如式（7.6）所示。

$$\max \sum_{r=1}^{s} u_r y_{rk}$$

$$\text{s.t.} \sum_{r=1}^{s} u_r y_{rj} - \sum_{i=1}^{m} v_i x_{ij} \leqslant 0 \qquad \forall j \tag{7.6}$$

$$\sum_{i=1}^{m} v_i x_{ik} = 1$$

$$u_r, v_i \geqslant 0, \quad \forall r, i$$

式（7.6）的对偶模型如式（7.7）所示，根据对偶定理，这两个模型求得的目标函数值是一样的[42]。因此，可以通过对偶模型计算决策单元 k 的效率值：

$$\min \theta_k$$

$$\sum_{j=1}^{n} \lambda_j x_{ij} \leqslant \theta_k x_{ik} \qquad \forall i$$

$$\text{s.t.} \sum_{j=1}^{n} \lambda_j y_{rj} \geqslant y_{rk} \qquad \forall r \tag{7.7}$$

$$u_r, v_i \geqslant 0, \quad \forall r, i$$

通过对偶模型和图 7.2 可以看出，当计算目标决策单元的相对效率时，是通过减少投入（$0 \leqslant \theta_k \leqslant 1$）来达到有效前沿面的，所以式（7.7）是投入导向的。与此相反，产出导向的 CCR 模型如式（7.8）所示。

$$\min \phi_k$$

$$\sum_{j=1}^{n} \lambda_j x_{ij} \leqslant x_{ik} \qquad \forall i$$

$$\text{s.t.} \sum_{j=1}^{n} \lambda_j y_{rj} \geqslant \phi_k y_{rk} \qquad \forall r \tag{7.8}$$

$$u_r, v_i \geqslant 0, \quad \forall r, i$$

如上所述，式（7.8）通过扩大产出（$\phi_k \geqslant 1$）来达到有效前沿面。当决策单元离有效前沿面越远，该决策单元越无效。从式（7.8）上看，ϕ_k 越大投影到有效前沿面需要扩大的产出越多，所以一般并不会直接使用 ϕ_k 来表示效率值。一般地，用 ϕ_k 的倒数来表示该决策单元的效率值。式（7.8）的对偶模型如下[43]。

$$\max \sum_{i=1}^{m} v_i\, x_{ik}$$

$$\text{s.t.} \sum_{r=1}^{s} u_r\, y_{rj} - \sum_{i=1}^{m} v_i\, x_{ij} \leq 0 \qquad \forall j \tag{7.9}$$

$$\sum_{r=1}^{s} u_r\, y_{ik} = 1$$

$$u_r, v_i \geq 0, \ \forall r, i$$

上述的 CCR 模型是基于规模收益可变（variable return to scale，VRS）的模型，Banker 等在考虑规模收益可变的情况下提出了另外一种模型，即 BCC 模型。BCC 模型的目标函数和 CCR 模型一致，但约束条件加了一个 $\sum_{i=1}^{m} \lambda_j = 1$。该模型也是 DEA 领域中较为经典的模型，其投入导向型的模型如式（7.10）所示。

$$\min \theta_k$$

$$\sum_{j=1}^{n} \lambda_j\, x_{ij} \leq \theta_k\, x_{ik} \qquad \forall i$$

$$\text{s.t.} \sum_{j=1}^{n} \lambda_j\, y_{rj} \geq y_{rk} \qquad \forall r \tag{7.10}$$

$$\sum_{i=1}^{m} \lambda_j = 1$$

$$u_r, v_i \geq 0, \ \forall r, i$$

对应的产出导向型模型为

$$\min \phi_k$$

$$\sum_{j=1}^{n} \lambda_j\, x_{ij} \leq x_{ik} \qquad \forall i$$

$$\text{s.t.} \sum_{j=1}^{n} \lambda_j\, y_{rj} \geq \phi_k\, y_{rk} \qquad \forall r \tag{7.11}$$

$$\sum_{i=1}^{m} \lambda_j = 1$$

$$u_r, v_i \geq 0, \ \forall r, i$$

7.3　构建 NBA 预测模型

前面介绍了常用的绩效评估方法，即 DEA 模型。下面将介绍一种基于 DEA 的数据驱动的预测方法，并将该方法应用到 NBA 预测中。NBA 的绩效预测可以用于设计练习任务、训练和比赛。绩效预测和分析是所有相关教练、运动员、体育科学家和投资者等主要兴趣所在。对于 NBA 的预测，这里说明了一种基于 DEA 和数据驱动技术的预测方法[44]，该方法主要是根据前几个赛季的数据预测 NBA 球队在下一个常规赛的获胜概率。

相较于其他的预测方法，该方法有较好的预测准确率。下面对这种方法进行阐述。

对预测过程中涉及的变量和假设进行定义。对于一支 NBA 球队，下赛季的参赛球员总计有 n 名。为了简化问题，这里假设没有球员的交易，只考虑这些给定的球员。此外，认为没有球员受伤，所有球员可以分配比赛时间，并在下赛季参加比赛。假设一支 NBA 球队有 q 场比赛记录，对于第 p 场（$p=1,\cdots,q$）比赛，比赛时间为 $t^p>0$，比赛产出为 $x_r^p \geq 0, (r=1,\cdots,s)$。此外，对于每一个球员 $j=1,\cdots,n$，其在第 p 场的上场时间为 $t_j^p \geq 0$，产出数据为 $x_{rj}^p \geq 0$。决策过程如下：首先，教练将分配所有球员的比赛时间，并预期每名球员会有一定的产出；其次，球员的总产出可以转化为可能获胜的概率。通过适当的方式以及所有球员的努力，下一个赛季的预期获胜概率可以最大化。

常规赛的一场比赛通常有四节，每节时间为 12 分钟，因此这里 t_0 等于 48 分钟。与此同时，NBA 里只能有 5 名球员同时在场上比赛（$n_0=5$）。因此，总的比赛时间将会分配给这 n 名球员，并且每个球员都会通过在场上的比赛获得一些产出。因此，通过将单个球员的产出相加，可以预测整个球队的总产出。另外，根据比赛结果与获胜概率之间的数量关系，将总结果转换为可能获胜的概率，并将该获胜概率作为所考虑的 NBA 球队的未来绩效预测结果。为简单起见，我们将介绍一些关键符号，如下所示。

（1）决策变量。①$t_j \geq 0$，分配给球员 j 的上场时间，$t_0 \geq t_j \geq 0$；②$x_{rj} \geq 0$，球员 j 的期望产出，$r=1,\cdots,s$；③$\hat{x}_r \geq 0$，对于考虑球队的总期望产出，$\hat{x}_r = \sum_{j=1}^{n} x_{rj}$。

（2）参数。①t_0，一场比赛的全部时间，一般 NBA 中一场比赛的时间是 48 分钟；②n_0，场上球员的数量，NBA 中，每队仅允许上场 5 名球员；③j，球员的序号，$j=1,\cdots,n$；④r，产出的序号，$r=1,\cdots,s$；⑤P_j，球员 j 上场场次的集合（$|P_j|=q_j$）；⑥p，样本中球队的第 p 场比赛，或样本中球员上场的第 p 场比赛（$p \in P_j$）；⑦$t^p>0$，球队在第 p 场比赛中的比赛时间；⑧$x_r^p>0$，球队在第 p 场比赛中取得的第 p 项产出；⑨$x_{rj}^p \geq 0$，球员 j 在第 p 场比赛中取得的第 p 项产出；⑩$t_j^p>0$，球员 j 在第 p 场比赛中的上场时间。

综上所述，我们将通过有效地分配比赛时间来最大化某个目标函数 f。请注意，目标函数 f 是根据分析的目标确定的，因此它可以是各种公式。该基本预测模型可表述为 f [式（7.12）]。注意到，式（7.12）的目标函数 f 是球员比赛时间的函数，通过适当分配总比赛时间，目标函数 f 可以最大化。我们需要使用回归方法来获得多变量目标函数的公式，该公式显示了获胜概率与分配给单个球员的比赛时间之间的量化关系。

$$\max f = f(t_1,\cdots,t_n)$$
$$\text{s.t.} \sum_{j=1}^{n} t_j = n_0 \cdot t_0 \qquad\qquad (7.12)$$
$$0 \leq t_j \leq t_0, \quad \forall j=1,\cdots,n$$

在本节中，预测过程将通过两个步骤实施。第一步，进行逻辑回归分析，估计出胜率与各种比赛结果之间的量化关系。此外，根据估计参数将结果分为期望输出和非期望输出。具体来说，获胜概率是因变量，而团队在每场比赛中获得的比赛结果数据是自变量。第二步，考虑时间约束下，用历史数据构建球员组合和球队的产出前沿面，在该前沿面上对所有决策单元进行预测，然后将实际单元与这些预测进行比较，以评估其相对效率[45]。具体如下。

第一步，进行逻辑回归分析。在 NBA 的比赛中，每场比赛的结果都是二元的（即赢或输），传统的线性回归无法确保获胜概率位于[0,1]的区间内，因此在这里使用 S 形 Logistic 回归。定义方程由式（7.13）给出：

$$\frac{P_p}{1-P_p} = e^{\beta_0 + \sum_{r=1}^{s} \beta_r x_r^p} \tag{7.13}$$

其中，$P_p = \Pr(Y_p = 1)$ 为第 P 场比赛的获胜概率，因此公式 $P_p/(1-P_p) = \Pr$ 为赢和输的比率；$x_r^p (r=1,\cdots,s)$ 为第 p 场比赛的产出值；$\beta_r (r=1,\cdots,s)$ 为产出 β_0^* 要估计的参数；β_0 为原始值的截距项[46]。式（7.13）可以更改为式（7.14）以估计参数，其中，如果团队获胜，$Y=1$，如果团队失败，$Y=0$。

$$Y = \beta_0 + \sum_{r=1}^{s} \beta_r x_r + \varepsilon \tag{7.14}$$

有许多估计方法可以用来估计这些参数，如最小二乘法和最大似然估计。使用不同的估计方法可以获得不同的参数。假设估计的参数为 $(\beta_0^*, \beta_1^*, \cdots, \beta_s^*)$，则所有比赛产出可根据符号分为两类，即负号为非期望输出，正号为期望输出。此外，假设有 m 项期望输出和 $(s-m)$ 项非期望输出。因此，最大化线性等式（7.15）可等效为最大化获胜概率。

$$\hat{f} = \beta_0^* + \beta_1^* x_1 + \cdots + \beta_m^* x_m + \cdots + \beta_s^* x_s \tag{7.15}$$

第二步，考虑时间约束下，用历史数据构建球员组合和球队的产出前沿面。为了解决胜率预测问题，需要指定预测期内可能的有效率或无效率状态。为此，需要评估球队和球员的效率状态。在这里，使用的是 DEA 方法进行效率评估。对球员和团队使用相同的模型。例如，考虑球员 j 及其上场的比赛数量 $q_j = |P_j|$。然后，在第 $o(o \in P_j)$ 场比赛中，球员 $j(j=1,\cdots,n)$ 的相对效率可按以下方式进行评估。

$$
\begin{aligned}
&\max\left(\sum_{r=1}^{m} s_{rj}^{+o} + \sum_{r=m+1}^{s} s_{rj}^{-o}\right) \\
&\text{s.t.} \sum_{k \in P_j} \lambda_k t_j^k \leqslant t_j^o \\
&\quad \sum_{k \in P_j} \lambda_k x_{rj}^k \geqslant x_{rj}^o + s_{rj}^{+o}, \ \forall r = 1,\cdots,m \\
&\quad \sum_{k \in P_j} \lambda_k x_{rj}^k \leqslant x_{rj}^o - s_{rj}^{-o}, \ \forall r = m+1,\cdots,s \\
&\quad \sum_{k \in P_j} \lambda_k = 1 \\
&\quad \lambda_k, s_{rj}^{+o}, s_{rj}^{-o} \geqslant 0, \ \forall k \in P_j; \ r = 1,\cdots,s
\end{aligned}
\tag{7.16}
$$

式（7.16）是一个基于松弛（slack-based）的方向距离函数（directional distance function，DDF）模型，具有内生方向向量。在这里，我们只考虑面向产出的松弛方向，式（7.17）估计了最大的绩效无效率，即非期望产出的可行减少和期望产出的可行增加。

假设式（7.16）的最优解为$(\lambda_k^{o*}, s_{rj}^{+o*}, s_{rj}^{-o*})$，则可根据 Tone 的方法计算每个球员$j$ $(j=1,\cdots,n)$的无效率：

$$\rho_{rj}^{+o*} = \frac{s_{rj}^{+o*}}{x_{rj}^o}(r=1,\cdots,m), \quad \rho_{rj}^{-o*} = \frac{s_{rj}^{-o*}}{x_{rj}^o}(r=m+1,\cdots,s) \tag{7.17}$$

在预测期间，整个球队和单个球员的效率一般是不可知的。因此，为了估计球队和球员在预期期间的效率，一个自然的想法是使用过去几个赛季的平均效率作为预测期间效率的代表。因为在过去表现出色的球员和球队，在未来往往也会表现出色。因此，可以得到每个球员和整个球队的加权平均无效率值，这里使用第o场比赛中的比赛时间$(o \in P_j)$作为每个球员无效率的权重。

$$\rho_{rj}^{+*} = \frac{\sum_{o \in P_j} t_j^o \rho_{rj}^{+o*}}{\sum_{o \in P_j} t_j^o}(r=1,\cdots,m), \quad \rho_{rj}^{-*} = \frac{\sum_{o \in P_j} t_j^o \rho_{rj}^{-o*}}{\sum_{o \in P_j} t_j^o}(r=m+1,\cdots,s) \tag{7.18}$$

如上所述，我们认为球员和球队过去的表现，即平均无效率$(\rho_{rj}^{+*}, \rho_{rj}^{-*})$和$(\rho_r^{+*}, \rho_r^{-*})$分别是在预测期间的效率状态的代表[47]。基于此，开发了以下预测模型。

$$\max \hat{f} = \beta_0^* + \beta_1^* \hat{x}_1 + \cdots + \beta_s^* \hat{x}_s$$
$$\text{s.t.} \sum_{j=1}^n t_j = n_0 \cdot t_0$$
$$\sum_{k \in P_j} \lambda_{kj} t_j^k \leq t_j, \quad \forall j=1,\cdots,n$$
$$\sum_{k \in P_j} \lambda_{kj} x_{rj}^k \geq x_{rj} + \rho_{rj}^{+*} x_{rj}, \quad \forall r=1,\cdots,m; \ j=1,\cdots,n$$
$$\sum_{k \in P_j} \lambda_{kj} x_{rj}^k \leq x_{rj} - \rho_{rj}^{-*} x_{rj}, \quad \forall r=m+1,\cdots,s; \ j=1,\cdots,n$$
$$\sum_{k \in P_j} \lambda_{kj} = 1, \quad \forall j=1,\cdots,n \tag{7.19}$$
$$\sum_{j=1}^n x_{rj} = \hat{x}_r, \quad \forall r=1,\cdots,s$$
$$\sum_{l=1}^q \lambda_l x_r^l \geq \hat{x}_r + \rho_r^{+*} \hat{x}_r, \quad \forall r=1,\cdots,m$$
$$\sum_{l=1}^q \lambda_l x_r^l \leq \hat{x}_r - \rho_r^{-*} \hat{x}_r, \quad \forall r=m+1,\cdots,s$$
$$\sum_{l=1}^q \sum \lambda_l = 1$$

$$0 \leqslant t_j \leqslant t_0, \ \forall j = 1, \cdots, n$$

$$\lambda_{kj}, \lambda_l \geqslant 0, \ \forall j = 1, \cdots, n; \ \forall k \in P_j; \ l = 1, \cdots, q$$

在式（7.19）中，决策变量 λ_{kj} 是用于构建每个球员 $j(j=1,\cdots,n)$ 效率边界的强度变量。第一个约束是指分配给单个球员的时间总和一定要与整场比赛的时间相等，因为不可能给上场球员分配的时间超出正常比赛的总时间。后面的四个约束是为了保证球员的投入和产出是位于生产可能集内的，并且在这里假设规模收益可变。接着，通过添加了计划投入、产出与前面计算出的加权无效率比的乘积给出了无效松弛，即在预测期间球员可能会有的效率状态。因为球员的得分就意味着球队的得分，球员的失误也意味着球队的失误，所以通过添加约束 $\sum_{j=1}^{n} x_{rj} = \hat{x}_r$ 来保证整个球队的产出是由所有球员产出汇总而得来的。此外，其余三个约束用于确保预期产出在球队的生产可能集范围内。同样，平均无效率比率被强加给球队。在这里，消除了对球队比赛时间的限制，因为我们认为一个常规赛环境和球队的比赛时间对所有的比赛将是相同的。

假设式（7.19）的最优解为 $(t_j^*, \forall j; x_{rj}^*, \forall r, j; \hat{x}_r^*, \forall r)$，则最优目标函数为 $\hat{f}^* = \beta_0^* + \beta_1^* \hat{x}_1^* + \cdots + \beta_s^* \hat{x}_s^*$。因此，通过式（7.20），我们可以计算出最大可能获胜概率。

$$P^* = \frac{1}{1+e^{-\hat{f}^*}} = \frac{1}{1+e^{-(\beta_0^* + \beta_1^* x_1^* + \cdots + \beta_s^* x_s^*)}} \tag{7.20}$$

假设在每个常规赛中，每个队有 N 场比赛，那么预期的获胜次数将被统计计算为 $N \times P^*$，在 NBA 常规赛中预期的比赛获胜次数将表示为 $82P^*$。

本节提出了一个基于 DEA 的数据驱动的方法，该方法主要通过两个步骤来对 NBA 进行预测。在 7.4 中，将运用此方法来预测 NBA 金州勇士队的未来表现。

7.4 NBA 预测模型的应用

金州勇士队成立于 1946 年，同年加入 BAA[①]（1949 年加入 NBA）。金州勇士队是 NBA 早期的 11 支球队之一，到目前为止，已经获得了七个总冠军。在本节中，我们使用 2011—2015 年的四个赛季的数据来预测 2015—2016 年赛季勇士队的胜场数。剔除了具有加时的比赛和某球员上场 48 分钟以上的比赛。历史赛季数据主要是从 Basketball Reference（https://www.basketball-reference.com）网站获得，该网站会对 NBA 的各个球队的比赛数据进行统计。

如 7.3 节所述，先对球队的胜率和各个球队产出之间进行逻辑回归分析。事实上，如果将获胜胜率的阈值设置为 50%，那么在数据集中只有 53 场比赛结果与实际结果不符。因此，准确度可以接近 82.15%[(297−53)/297]。McFadden R^2 为 0.3791，LR statistic 为 150.6680，也说明了我们的回归分析具有良好的适应性，数据能很好地拟合。因此，绩效预测模型中使用的目标函数如下所示。

---

① BAA（Basketball Association of America，全美篮球协会），NBA 的前身。

$$-16.946\ 54+0.190\ 505\times\text{two point}+0.325\ 316\times\text{three point}$$
$$+0.137\ 032\times\text{free throw}+0.208\ 003\times\text{defensive rebound} \qquad (7.21)$$
$$+0.106\ 414\times\text{assist}+0.206\ 344\times\text{steal}-0.130\ 368\times\text{turnover}$$
$$-0.112\ 095\times\text{personal foul}$$

进一步，我们对式（7.17）进行求解，以计算每场比赛中的球员和团队的低效性。然后根据式（7.18）计算低效率比，根据式（7.19）加权得到平均低效率比，然后将这些结果带入式（7.20），优化分配比赛时间，得到 2015—2016 年赛季预测最有希望的表现结果，如表 7.3 所示。

表 7.3　预测结果

编号	上场时间/分钟	二分球/次	三分球/次	罚球/次	防守篮板/个	助攻/个	抢断/个	盖帽/个	犯规/次
1	8.85	0.57	0.47	1.20	2.12	0.51	0.43	1.08	1.13
2	6.17	1.19	0.55	0.39	1.79	0.37	0.30	1.26	1.32
3	30.03	1.99	0.76	1.56	2.87	1.97	0.44	1.12	1.21
4	20.91	1.79	0.78	0.90	1.66	1.14	0.41	1.22	1.27
5	22.22	2.94	0.53	0.71	6.50	0.36	0.26	1.23	1.14
6	34.89	6.35	0.54	0.65	8.56	6.51	0.28	1.20	1.19
7	13.72	2.25	0.73	0.89	1.20	0.73	0.39	1.05	1.17
8	6.52	1.51	0.54	0.95	2.26	1.32	0.33	1.00	1.00
9	4.88	0.70	0.49	1.67	1.06	0.59	0.39	1.00	1.14
10	18.10	1.39	0.64	1.69	3.55	2.06	0.32	1.23	1.16
11	18.08	2.73	0.91	1.51	1.54	0.99	0.53	1.05	1.17
12	12.19	0.96	0.54	0.95	2.17	1.92	0.33	1.10	1.09
13	17.25	1.42	0.53	0.98	1.36	0.85	0.43	1.12	1.44
14	26.21	2.16	0.81	1.70	2.84	1.84	0.39	1.05	1.16
球队总计	240.02	27.95	8.82	15.75	39.48	21.16	5.23	15.71	16.59

由表 7.3 可知，通过对球员的优化选择和比赛时间的分配，金州勇士队在 2015—2016 年赛季可以获得的最大获胜概率为 73.95%，将该胜率乘以下赛季的比赛场次，便可得到下赛季金州勇士队的预计胜场为 60.64 次。值得注意的是，在 2015—2016 年赛季金州勇士队的胜场为 73 次，打破了 NBA 的历史记录。所以可以得出结论，我们的预测方法可以给出一个很好的预测结果。同时，也可以证明金州勇士队在这个赛季整体表现得很好，因为真正的获胜概率甚至比预测的还要高。这也可能是由于金州勇士队在 2015—2016 年赛季的前四个赛季胜率一直在上升，所以基于四个赛季数据可能会低估金州勇士队的潜力。

此外，我们将前面得到预测结果和其他的预测结果进行了比较。在这里，我们使用了两种广泛使用和接受的预测结果。分别是 ESPN 和 FiveThirtyEight 的预测结果。ESPN 使用一种名为"篮球力量指数"的指标来衡量球队质量，该指标使用先进的统计分析方法来衡量每支球队相对于一支普通球队的进攻和防守水平。"篮球力量指数"可以用来预测给定团队的平均得分和获胜概率。据报道，ESPN 的"篮球力量指数"是最成功的预测方法之一，它已经成功预测了 72%以上的 NBA 比赛。而 FiveThirtyEight 将一个基于 Elo 的模型与 CARMELO 球员预测（一种将当前 NBA 球员与联盟历史上类似的球员进行比较的系统）结合起来，来预测 NBA 球队预期的获胜场次。

不同预测方法的对比结果如表 7.4 所示，ESPN 和 FiveThirtyEight 的预测结果都是 60 胜 22 负，我们的预测结果为 60.64 胜和 21.36 负。可以看出三种方法的预测结果都低估了金州勇士队的胜率和胜场，其原因如前所述，金州勇士队以 73 胜的成绩打破了 NBA 的记录，所以我们的预测结果在一定程度上低估了该球队的表现。此外，可以看出我们的预测与其他两种预测结果非常接近，由于 ESPN 和 FiveThirtyEight 都是成功预测方法的很好的例子，通过对比分析，我们可以得出，本书提出的基于 DEA 的数据驱动方法在运动队成绩预测中具有较好的效果和有效性。

表 7.4 2015—2016 年赛季对金州勇士队的不同预测

预测变量	作者的方法	ESPN	FiveThirtyEight	真实值
预测获胜场数	60.64	60	60	73
预测失败场数	21.36	22	22	9
预测获胜概率/%	73.95	73.17	73.17	89.02

7.5 具体商务决策中数据分析的应用

以某大型电商平台为例，该平台开发了基于深度学习的智能客户服务系统，具体包括以下功能。

（1）智能客服聊天机器人：该电商平台利用循环神经网络和 Transformer 模型，开发了一款智能对话系统。当客户通过聊天窗口咨询问题时，聊天机器人可以基于自然语言理解技术，快速识别客户的意图和需求，给出准确的回答。

例如，如果客户询问："我的订单什么时候发货？"，聊天机器人会解析出客户关心的是订单状态，并迅速查找相关信息，回复："您的订单编号 123456 已于昨日下午 2 点发货，预计在 3—5 个工作日内送达。"

此外，聊天机器人还会根据客户的对话历史，给出个性化的推荐和建议，提升客户体验。例如，"鉴于您最近购买了该类产品，我为您挑选了一些新品，您要看看吗？"

（2）基于图像的智能客服：除了文字交互，该平台还开发了基于计算机视觉的智能客服功能。当客户上传产品照片时，系统可以利用深度学习的目标检测和分类技术，快速识别出商品的型号、颜色等信息，给出使用指引。

例如，客户上传了一张移动电源的照片，系统会识别出这是一款×××牌 5000 毫安移动电源，并自动推荐使用说明、充电注意事项等相关信息。

如果客户上传了故障产品的照片，系统还可以利用异常检测算法，识别出产品的具体问题所在，给出故障诊断结果，指导客户如何解决。

下面通过两个案例，给出部分实现细节。

案例 7.1　智能客服聊天机器人

该电商平台收集了大量的历史客服对话记录，包括客户提问、客服回复等文本数据。同时还收集了客户的基本信息、浏览记录、购买习惯等相关数据。

（1）数据预处理。首先，对对话文本进行分词、去停用词等预处理。其次，利用词嵌入技术，如 Word2Vec，将文本转换为数值特征向量。对客户画像数据进行特征工程，如 one-hot（独热）编码等。

（2）模型构建。采用 seq2seq（序列到序列）架构的循环神经网络模型。输入为客户提问的文本序列，输出为相应的回复文本序列。模型损失函数采用交叉熵为

$$L = -\sum \log P(y_t \mid y_1, \cdots, y_{t-1}, x) \tag{7.22}$$

其中，x 为输入序列；y 为输出序列；t 为时间步。

此外，还引入注意力机制，以增强模型对重要信息的捕捉。同时结合客户画像特征，增强了模型对个性化需求的理解。

（3）模型训练及部署。在大量对话数据上进行端到端训练，最终部署到实际客服系统中。通过持续优化，聊天机器人的响应准确率和自然性不断提升。

案例 7.2　基于图像的智能客服

（1）数据收集：收集大量产品图片及其对应的型号、颜色、故障等标注数据。

（2）数据增强：利用翻转、缩放等变换技术对图像数据进行增强，扩充训练样本。

（3）模型构建：采用卷积神经网络模型。对于产品识别，使用 ResNet50 作为专柱，在最后一个全连接层进行多分类。对于故障诊断，则采用基于 VAE（variational autoencoder，变分自编码器）的异常检测模型：

$$p(x) = \sum N\left(x \mid \mu_i, \sigma_i^2\right) q(z \mid x) = N\left(z \mid \mu(x), \sigma(x)\right) \tag{7.23}$$

其中，x 为输入图像；z 为隐变量；μ 和 σ 分别为均值和方差。通过重构损失最小化，学习出图像的正常模式。

（4）模型训练及部署：在大量产品图像数据上进行监督和无监督训练，达到很高的识别准确率和异常检测性能。最终部署到客服系统中，实现基于视觉的智能服务。

第 8 章　商务决策中的随机实验及其相关方法

8.1　实验研究概述

实验研究也被称为实验性研究，是获取直接数据的一种方式。实验研究是对特定系统和环境进行严格设计，通过控制和观察操作变量之间的因果关系，得出清晰而有意义的结论。通过审慎设计以及有控制的实验来检验与操作变量和事物状态相联系的概念模型[48]，可以定量地检验假说、理论以及模型。一般的做法是预先为研究设计提出一个试探性的因果关系假设，然后通过实验检验该假设，并通过检验一个或多个变量的变化来评估实验对一个或多个变量的影响，属于受控制的研究方法，其主要目的是建立变量之间的因果关系。

在随机实验中，研究者通常需要设置至少两个核心变量来考察其因果关系：自变量作为被操纵的干预因素，是引发因变量变化的潜在原因；因变量作为被观测的响应指标，反映实验处理的实际效果。为确保因果推断的有效性，实验必须严格控制其他潜在影响因素（即控制变量）[49]，这些变量需要保持恒定以避免干扰核心因果关系的评估。以广告效果研究为例，研究者可将"消费者购买决策"设为因变量，通过操纵不同的"广告版本"（自变量），同时控制"产品包装"和"受试者人口特征"等变量，从而准确识别广告要素对消费行为的影响。此外，规范的实验设计还需设置实验组（接受特定广告干预）和控制组（不接受干预或接受中性干预），通过比较两组结果的差异来验证广告效果，其中控制组数据为实验效应评估提供了可靠的基准参照。这种通过变量控制和组间对比的实验设计，是建立因果关系最严谨的科学方法之一。

8.2　随　机　实　验

随机实验和准实验（quasi-experiment）是实验研究中常用的两种方法。随机实验指的是把受试对象在自变量的不同层次上进行随机分配，其设计特点是观察研究对象被随机地给定了自变量之后的反应。随机分配可以将受试对象随机地分配到各个实验组与对照组中，每个受试对象都有同样的可能性被分配到各个实验组与对照组中，因而各组之间在实验开始时就具有充分的可比性。这样才能将事后测试发现的因变量之间的差异归因于实验的结果，而不是各组间先前就存在的某些其他差异因素[50]。

下面通过一个例子讲解随机实验的设计方式。

实验背景为一家儿童电视节目制作公司制作了一个以开发儿童智力为目标的系列儿童电视节目。公司想研究这个节目是否能起到开发儿童智力的作用。该研究被设计成随机实验，来自不同地区的近千名儿童被随机分成实验组（观看节目）和控制组（不看节目），实验组的儿童每周至少有 3 天看这个节目，6 个月后，将收集有关受试儿童智力发展状况的数据。有以下两种实验设计方式[51]。

设计一：如图 8.1 所示，随机两组设计。

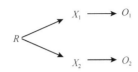

图 8.1　随机两组设计示意图

其中，X_1 为实验组，表示观看该电视节目的儿童，X_2 为控制组，表示没有观看该电视节目的儿童。O_1 为实验组的儿童在观看该电视节目之后的智力数据，O_2 为控制组的儿童在没有观看该电视节目之后的智力数据。$E = O_2 - O_1$ 表示为该节目对儿童智力的影响。

设计二：如图 8.2 所示，前后两组设计。

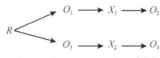

图 8.2　前后两组设计示意图

其中，X_1 为实验组，表示观看该电视节目的儿童，X_2 为控制组，表示没有观看该电视节目的儿童。O_1 为实验组的儿童在观看该电视节目前的智力数据，O_2 为实验组的儿童在观看该电视节目之后的智力数据。O_3 为控制组的儿童在没有观看该电视节目前的智力数据，O_4 为控制组的儿童在没有观看该电视节目之后的智力数据。$E_1 = O_4 - O_3$ 为时间、环境、测量工具等外部因素对儿童智力的影响，$E_2 = (O_2 - O_1) - (O_4 - O_3)$ 为去除外部环境因素后，该节目对儿童智力的影响。

社会科学研究中的随机实验方法可以分为两种[52]，分别是实验室实验与田野实验。实验室实验是在一个为了排除研究主题之外的变数对结果产生影响而设计出来的人工实验室环境中进行，完全避免了外界干扰。实验室实验的研究工作会在人为设定的环境中进行，研究人员会将受试者分成实验组与控制组，并对自变量进行操作，观察自变量对因变量的影响，在实验过程中，需要控制干扰因素。实验室实验的研究目的是测试提出的假设，建立一套理论系统并发现因果关系。与其他实验方法相比，实验室实验对外生因素造成的干扰较好操纵，对外在环境可以做出严格的控制，并且可以重复实验，提高因果关系的外部效度，严谨性与科学性最高。田野实验又称实地实验，是通过对研究对象进行人为干预的某种处理而进行的实验调查活动。它区别于传统实验室实验和通过电话、网络或面对面进行的调查实验，是在观察对象的生活环境中进行的。田野实验比之实验室实验，可以降低研究人员对受试者的干扰，降低实验情景与日常生活之间的差异。实验室实验的缺点就是具有人为操作，实验结果不具有一般性，没办法一般化。尽管可能实验过程中产生的成本不高，但是将实验结果推广到实际生活中，应用成本会很高。田野实验是在自然环境中从事现象的研究，采用了多种资料收集方式，其收集的对象可能是一个实体，也可能是多个实体。田野实验有实验设计，但是没有增加实验控制，也不会试图控制环境变量，但会有意隔离与操纵变数以研究可能存在的因果关系，包括模拟、小群体、人机以及雏形等四种实验[53]。现将实验室实验与田野实验的差异进行总结，如表 8.1 所示。

表 8.1　实验室实验与田野实验对比

实验	实验室实验	田野实验
研究周期	研究周期比较短	研究周期比较长
样本规模	样本规模小	样本规模大
成本	成本低	成本高
实验设计	实验设计简单	实验设计复杂
研究环境	对研究环境有严格控制	对研究环境无法严格控制

综上所述，随机实验最大的好处在于研究者可以通过在实验设计过程中对某些非自变量加以控制，从而使实验具有内部有效性。即在运用随机实验方法过程中，研究人员必须确定哪些项目以及它们在何种程度上与可能干扰实验结果的非自变量有关，这样可以尽可能清晰地得到自变量与因变量之间的因果关系。随机实验所必须控制的许多变量的条件在很多情况下难以满足[54]。同时较为严苛的条件限制，使得从随机实验中得到的一些结论难以推广到其他环境，对研究结果的外部有效性产生影响。

8.3　准　实　验

作为社会科学研究的另一种方法，准实验相比于真正的实验而言，会采取一定的操作程序，利用自然场景，较为灵活地控制实验对象。在不可能做到完全随机化的情况下，会选择使用准实验研究。准实验研究将真实的方法用于解决实际问题，由于其没有完全控制研究的条件，没有随机将受试者分配到实验组与控制组，相比于随机实验，严谨性略低，因而产生的因果结论的可信度也就偏低，但准实验研究的好处就是它是在接近现实的条件下进行的，尽可能地应用了真实验设计的原则与要求，对干扰因素尽可能地进行控制[55]，对环境的要求比较灵活，当研究情境无法实现对全部潜在干扰变量的完全控制时，准实验设计因其更强的现实适应性和更广的适用范围，成为研究者更常采用的方法。

下面通过随机实验实例的后续讲解准实验的设计方式。

背景为由于儿童电视节目广泛流行，控制组的许多儿童已经看过这个节目。原随机实验失败。于是，随机实验被改为准实验。具体做法是将受试儿童按照实际观看节目的次数的多少分为两组，即观看节目次数多和观看节目次数少这两个组，6 个月后检验看节目多的儿童是否比看节目少的儿童智力成长速度更快。

设计一：如表 8.2 所示，静态组实验设计。

表 8.2　静态组实验设计

组别	实验过程	
实验组	X_1	O_1
控制组	X_2	O_2

其中，X_1 为实验组，表示看该电视节目多的儿童组，X_2 为控制组，表示看该电视节目少的儿童组。O_1 为实验组的儿童在观看该电视节目之后的智力数据，O_2 为控制组的儿童在观看该电视节目之后的智力数据。$E = O_2 - O_1$ 表示为多看该节目相比于少观看该节目对儿童智力的影响。

设计二：如表 8.3 所示，前测–后测非平衡组实验设计[56]。

表 8.3　前测–后测非平衡组实验设计

组别	实验过程		
实验组	O_1	X_1	O_2
控制组	O_3	X_2	O_4

其中，X_1 为实验组，表示看该电视节目多的儿童组，X_2 为控制组，表示看该电视节目少的儿童组。O_1 为实验组的儿童在观看该电视节目前的智力数据，O_2 为实验组的儿童在观看该电视节目之后的智力数据。O_3 为控制组的儿童在观看该电视节目前的智力数据，O_4 为控制组的儿童在观看该电视节目之后的智力数据。$E_1 = O_2 - O_1$，$E_2 = O_4 - O_3$ 为观看节目及时间等其他外部因素对儿童智力的影响，$E_3 = (O_2 - O_1) - (O_4 - O_3)$ 为去除外部环境因素后，该节目对儿童智力的影响。

综上，由于不能随机地将观察对象个体分配到实验组和控制组，准实验的内部有效性会受到选择偏差、成熟过程、历史事件等的干扰。不同的研究设计对这些干扰的敏感程度不同，通过合理地选择研究设计，并对观测数据进行正确的分析和适当的处理，可以排除一些对内部有效性的干扰。对准实验数据进行分析的核心是考察变量间的相关关系以及排除其他变量的影响。准实验易于操作，成本较低。只要根据实际研究的要求，采用合适的研究方案，准实验便是一种非常有用的研究工具。但是准实验会存在很多因为非随机性所导致的未观测的变量，而对得到的因果关系产生偏差性影响，该问题的解决是个难题。

8.4　倾向得分匹配

8.3 节中讲到实验组是看电视节目多的儿童组，控制组是看电视节目少的儿童组，那么直接对比实验组与控制组入学后的成绩来估计电视节目的实验效应是否合理呢？不同儿童间的智力差异是因为看的电视节目的多少不同，还是因为看节目多的儿童家长受教育程度更高，家庭更注重教育？真正要研究的问题应该是，看节目儿童的未来智商是不是比他们没看节目的未来智商要高。但这个问题在不能用随机实验来实现的情况下，该怎么办呢？

在估计因果效应的时候只能观察到一种干预状态下的结果，没有办法观察另一种干预状态下的潜在结果。解决的方法之一就是使用匹配的思想。对于实验组的个体，在控制组中选择具有相同或近似控制因素的个体进行匹配，从而用控制组个体的观测结果来估计实验组的反事实结果。得到受处理的人群的平均处理效应（average treatment effects on the treated，ATT）：

$$\tau_{ATT} = E[Y_{1i} - Y_{0i} | D_i = 1] = E[Y_{1i} | D_i = 1] - E[Y_{0i} | D_i = 1]$$

其中，$E[Y_{1i} | D_i = 1]$ 为实验组的结果期望值；$E[Y_{0i} | D_i = 1]$ 为反事实结果，反事实推断的法则是，如果没有 A，B 的结果会是怎样，但实际上，此时 A 已经发生了。需要注意这里仍需要条件独立性假设（conditional independence assumption，CIA）或条件均值独立性假设成立。也就是在控制观测变量 X_i 后，实验组和控制组两组的潜在结果分布相似。

倾向得分匹配（propensity score matching，PSM）[57]，是一种使用非实验数据或观测数据进行干预效应分析的统计学方法，其理论框架就是"反事实推断模型"。在实际的观察研究中，由于各种原因，数据的偏差以及混杂变量较多，影响了研究人员对于实验组与控制组的合理比较。此外，如果采取匹配的方式减少数据偏差与混杂变量对实验结果的影响，在根据协变量进行匹配时，如果只有一维变量则可以比较容易地进行匹配，但如果具有多维协变量则进行匹配时会比较困难，为了解决这一"维度诅咒"问题，Rosenbaum（罗森鲍姆）和 Rubin（鲁宾）在 1983 年提出了倾向得分匹配法，使得观测变量 X_i 进行匹配时转向对一维的倾向得分进行匹配。倾向得分为

$$P(X_i) = E[D_I | X_i] = \Pr[D_i = 1 | X_I]$$

它表示的是具有特征 X_i 的个体接受干预的可能性，实际上是个体的干预分配概率，在观测研究中，倾向得分往往是未知的，需要估计。

目前，倾向得分匹配法已经广泛应用于医学、公共卫生以及经济学等领域。其通常将参与实验的全体构成实验组，然后选择出除了是否参与实验变量的不同之外，其余控制变量与实验组相近的样本组成控制组，以研究实验变量对样本因变量产生的净效应。以研究"接受某项技能培训是否会对个人收入产生影响"这一课题为例，如果将收集到的数据简单地划分为实验组（接受技能培训）与控制组（未接受技能培训），直接计算得到的培训带来的平均处理效应是不可信的，这是由于实验组与控制组初始条件不完全相同而造成的选择性偏差。显然，研究中存在协变量集会同时对自变量与因变量产生影响，如个人能力、家境以及学历等因素都会对是否选择技能培训以及个人收入产生双面影响。为解决上述问题，可以利用匹配的思想，通过统计学原理人为构造一个控制组：利用可观测到的特征为每个实验参与者匹配一个未参与者，使得匹配后的个体除了是否参与实验外不存在差异，即实验组与控制组具有相同的分布，这就是倾向得分匹配的核心思想。

倾向得分匹配有以下三个基本原理。

（1）依可测变量选择（selection on observables）：通常情况下可以观察到个体 i 的一些特征，比如年龄、性别、收入等，如果个体 i 对 D_i 的选择完全取决于可观测的 X_i，则称为"依可测变量选择"。如果个体对 D_i 的选择完全取决于 X_i，则在给定 X_i 的情况下，潜在结果(y_{0i}, y_{1i})将独立于 D_i，这就是可忽略性假设。

（2）可忽略性：给定 X_i，则(y_{0i}, y_{1i})独立于 D_i，记为$(y_{0i}, y_{1i}) \perp D_i | X_i$。可忽略性也可称作"无混杂性"。它表示给定 X_i，则(y_{0i}, y_{1i})在实验组与控制组的分布完全一样，即

$$F(y_{0i}, y_{1i} | X_i, D_i = 1) = F(y_{0i}, y_{1i} | X_i, D_i = 0)$$

（3）均值可忽略性：$E(y_{0i} | x_i, D_i) = E(y_{0i} | x_i)$，而且 $E(y_{1i} | x_i, D_i) = E(y_{1i} | x_i)$。或

者表示为，在给定 X_i 的情况下，y_{0i} 与 y_{1i} 都均值独立于 D_i。

倾向得分匹配存在以下两个假设。

（1）共同支撑假设（common support assumption）：

$$0 < \Pr[D_i = 1 \mid X_i] < 1$$

其中，Pr 实际上为倾向指数，反映的是具有特征 X_i 的个体接受干预的可能性，而上式则表示根据观测变量 X_i 分层后，层内均有实验组和控制组两组个体。

（2）条件独立性假设：给定 X 后干预状态的潜在结果是独立的，换句话说，控制住 X 之后，干预分配就相当于随机分配。

问题 1：表 8.4 中哪个样本更好一些？

表 8.4　样本选择（一）

组别	上北京大学的同学	没上北京大学的同学
样本一	650—670 分	530—620 分
样本二	650—670 分	610—680 分

答：样本二较好，因为它更容易满足共同支撑假设。

问题 2：表 8.5 中哪个样本更适合和学生 1 匹配？

表 8.5　样本选择（二）（单位：分）

学生	语文	数学	英语	物理	化学	总分
学生 1	120	138	130	142	140	670
学生 2	95	150	135	137	150	667
学生 3	119	132	135	139	143	668

答：学生 3 好，因为比较容易满足平行。

倾向得分匹配运用得分进行样本匹配和比较[58]，有以下四种方法。

（1）方法一：最近邻匹配（nearest neighbor matching）。最近邻匹配是最常用的一种匹配方法，它把控制组中找到的与实验组个体倾向得分差异最小的个体，作为自己的比较对象。优点：按照实验个体找控制个体，所有实验个体都会匹配成功，实验组的信息得以充分使用。缺点：由于不舍弃任何一个实验组，很可能有些配对组的倾向得分差距过大，也将其配对，则配对质量不高，而平均处理效应的结果中也会包含这一差距，使得平均处理效应精确度下降。

（2）方法二：半径匹配法（radius matching）。半径匹配法是事先设定半径，找到所有设定半径范围内的单位圆中的控制样本，半径取值为正。随着半径的减小，匹配的精确度提高。

（3）方法三：分层匹配法（hierarchical matching method）。分层匹配法是根据估计的倾向得分将全部样本分块，使得每块的平均倾向得分在实验组和控制组中相等。优点：考虑到了样本的分层问题和聚类问题。就是假定每一层内的个体样本具有相关性，而各层之间的样本不具有相关性。缺点：如果在每个区内找不到控制个体，那么这类个体的信息会丢弃不用。总体配对的数量减少。

（4）方法四：核匹配（kernel matching）。核匹配是构造一个虚拟对象来匹配实验组，构造的原则是对现有的控制变量做权重平均，权重的取值与实验组、控制组倾向得分值差距是反向相关关系。

匹配的目的是构造更加相似的样本，使得实验组和控制组更具有可比较性，对于匹配后的样本需要检验是否近似于随机实验。常用的检验指标包括标准化平均值差异（standardized difference in averages）和对数标准差比（log ratio of standard deviations）。

标准化平均值差异定义为

$$\Delta = \frac{\bar{X}_t - \bar{X}_c}{\sqrt{(S_t^2 - S_c^2)/2}}$$

$$S_t^2 = 1/(N_t - 1) \sum_{i:D_i=1} (\bar{X}_i - X_t)^2$$

其中，$\bar{X}_t - \bar{X}_c$ 为控制组或实验组某协变量的均值；$\sqrt{(S_t^2 - S_c^2)/2}$ 为控制组或实验组某协变量的样本方差。可以看到，如果两组个体协变量完全平衡，标准化平均值将趋近于 0，因此 Δ 越接近于 0，说明样本越有可能平衡。

倾向得分匹配的效果判断用匹配效果诊断来衡量，匹配效果诊断指的是一个指标对数标准差，考察的是二阶矩的差异，定义为

$$\Gamma = \ln(S_t) - \ln(S_c)$$

根据上式可以看出，如果两组协变量分布平衡，那么两组协变量标准差将相同，从而两组协变量标准差的对数比将接近于 0。

现将倾向得分匹配的步骤总结如下。

（1）选择协变量 X_i，尽可能涵盖影响（y_{0i}, y_{1i}）与 D_i 的相关变量，以保证可忽略性假设得到满足。如果协变量太少或者选择不当，导致可忽略性假设不满足，将引起偏差。

（2）获取倾向得分：可使用 probit 或者 logit 模型估计。

（3）检验平行假设是否满足：使得 X_i 在匹配后的实验组均值和控制组均值较为接近，保证数据平衡。

（4）根据倾向得分值将实验组个体和控制组个体进行配对（最近邻匹配、半径匹配、核匹配等）。

（5）根据匹配后的样本计算平均处理效应值。参加者平均处理效应估计量的一般表达式为

$$\text{ATT} = \frac{1}{N_1} \sum_{i:D_i=1} (y_i - \hat{y}_{0i})$$

其中，N_1 为处理组个体数；$\sum_{i:D_i=1}$ 为仅对控制组个体进行加总。

8.5 双重差分法

首先，在背景介绍中依旧引用 8.3 节的例子，实验组为看电视节目多的儿童组，控制组为看电视节目少的儿童组，是否可以直接对比实验组与控制组入学后的成绩来估计

电视节目的平均处理效应？不同儿童间的智力差异是因为看的电视节目的多少不同，还是其他原因？在通过倾向得分匹配解决可对比问题之后，另一个问题是，随着时间的流逝，看教育类电视节目的潮流也会影响儿童看电视节目的多少，这该如何衡量？在不能使用随机实验的前提下，应该怎么处理呢？

在 8.2 节的例子中，实验组为看电视节目的儿童组，控制组为不看电视节目的儿童组，能否直接对比实验组与控制组入学后的成绩来估计电视节目的平均处理效应？不同儿童间的智力差异会因为是否观看电视节目而产生差异吗？但是真正要研究的问题应该是，看节目儿童未来的智商，是不是比他们不看节目的未来智商要高。在不能用实验来实现的情况下，该怎么办？

本节通过一个实例来说明双重差分（differences-in-differences，DID）法是如何工作的。

假设有四个企业 1、2、3、4，企业 1、2 受到了税法改革的影响，企业 3、4 未受到影响。税法改革于 2014 年开始实行。表 8.6 记录了企业是否改革的信息。

表 8.6　企业信息

企业	年份	业绩	是否改革
1	2012	7.04	0
1	2013	7.06	0
1	2014	7.6	1
1	2015	7.5	1
2	2012	6.54	0
2	2013	6.56	0
2	2014	7.20	1
2	2015	7.10	1
3	2012	6.02	0
3	2013	6.04	0
3	2014	6.20	1
3	2015	6.20	1
4	2012	5.54	0
4	2013	5.56	0
4	2014	5.70	1
4	2015	5.70	1

以 Treat_i 表示分组虚拟变量，After_t 表示时期虚拟变量。

$$T_{\text{after}} = E(Y_{it} \mid \text{Treat}_i = 1, \text{After}_t = 1) = 7.35$$
$$T_{\text{before}} = E(Y_{it} \mid \text{Treat}_i = 1, \text{After}_t = 0) = 6.80$$
$$C_{\text{after}} = E(Y_{it} \mid \text{Treat}_i = 0, \text{After}_t = 1) = 5.95$$
$$C_{\text{before}} = E(Y_{it} \mid \text{Treat}_i = 1, \text{After}_t = 0) = 5.79$$

得到处理结果如表 8.7 所示。

表 8.7　改革对企业业绩的影响

组别	平均业绩		
	2012—2013 年	2014—2015 年	横向差异
实验组	$T_{before}=6.80$	$T_{after}=7.35$	$T_{after}-T_{before}=0.55$
控制组	$C_{before}=5.79$	$C_{after}=5.95$	$C_{after}-C_{before}=0.16$
纵向差异	$T_{before}-C_{before}=1.01$	$T_{after}-C_{after}=1.40$	

由于现实中无法得到实验组在 2014 年后未接受税改的平均业绩 T_{after}，因此也就无法直接计算税改对实验组的平均处理效应。要想估计出这个反事实结果有两种方法：横截面单重差分、时间序列单重差分。

（1）横截面单重差分：$T'_{after}=C_{after}$，直接通过比较实验组和控制组在事件发生后的平均结果差异估计平均处理效应。用 2014 年后的数据进行回归：

$$Y_{it}=\beta_0+\beta_1 \text{Treat}_i+e_{it}, \text{After}_t=1$$

通过条件期望值可以来看横截面差分的系数 β_1 是否反映了事件的平均处理效应：

$$E(Y_{it}|\text{Treat}_i=1)=\beta_0+\beta_1+E(e_{it}|\text{Treat}_i=1)$$
$$E(Y_{it}|\text{Treat}_i=0)=\beta_0+E(e_{it}|\text{Treat}_i=0)$$
$$E(Y_{it}|\text{Treat}_i=0)-E(Y_{it}|\text{Treat}_i=1)=\beta_1+E(e_{it}|\text{Treat}_i=1)-E(e_{it}|\text{Treat}_i=0)$$

若偏差为 0，也就是 $E(e_{it}|\text{Treat}_i=1)=E(e_{it}|\text{Treat}_i=0)$，假设就成立，但是此条件很难实现。

（2）时间序列单重差分：$T'_{after}=T_{before}$，考虑实验组在时间前后的差异，这样可以避免实验组和控制组差异所带来的问题。

$$Y_{it}=\beta_0+\beta_1 \text{After}_t+e_{it}, \text{Treat}_i=1$$

通过条件期望值可以来看横截面差分的系数 β_1 是否反映了事件的平均处理效应：

$$E(Y_{it}|\text{After}_t=1)=\beta_0+\beta_1+E(e_{it}|\text{After}_t=1)$$
$$E(Y_{it}|\text{After}_t=0)=\beta_0+E(e_{it}|\text{After}_t=0)$$
$$E(Y_{it}|\text{After}_t=1)-E(Y_{it}|\text{After}_t=0)=\beta_1+E(e_{it}|\text{After}_t=1)-E(e_{it}|\text{After}_t=0)$$

若偏差为 0，也就是 $E(e_{it}|\text{After}_i=1)=E(e_{it}|\text{After}_i=0)$，假设就成立，但是此条件也是很难实现的。

由上可知，想要通过单重差分获取处理的效果是比较困难的，因此，Heckman（赫克曼）提出了双重差分模型[59]，这是最常被用于政策评估的计量经济学方法之一。与倾向得分匹配类似，双重差分模型按照有无进行自然实验处理，也将样本分为两类：一类是经过实验处理的实验组，另一类是没有经过实验处理的控制组。在衡量实验的效果时，如果只是单纯地将实验前后的结果相减得到估计值，则与实验本身无关的改变也会被记录进这个估计值中，影响了效果的准确性。双重差分模型不仅能够通过"有无差异对比法"判断参与实验变量有无影响，还可以通过"前后差异对比法"将实验前后的效果剥离出来，衡量实验变量带来的参与效应。

作为政策效应评估方法中的一大利器，双重差分法受到越来越多人的青睐，概括起来有以下几个方面的原因。①可以在很大程度上避免内生性问题的困扰：政策相对于微观经济主体而言一般是外生的，因而不存在逆向因果问题。此外，使用固定效应（fixed effect，FE）估计在一定程度上也缓解了遗漏变量偏误问题。②传统方法下评估政策效应，主要是先设置一个政策发生与否的虚拟变量然后进行回归，相较而言，双重差分法的模型设置更加科学，能更加准确地估计出政策效应。③双重差分法的原理和模型设置很简单，容易理解和运用，并不像空间计量等方法那样让人望而生畏。④尽管双重差分法估计的本质就是面板数据固定效应估计，但是双重差分听上去或多或少也要比 OLS（ordinary least squares，普通最小二乘法）、固定效应等更加"时尚高端"，因而双重差分的使用在一定程度上可以满足"虚荣心"[60]。

具体来说，基准的双重差分模型设置如下：

$$Y_{it} = a_0 + a_1 du + a_2 dt + a_3 du \times dt + \varepsilon_{it}$$

其中，du 为分组虚拟变量，若个体 i 受政策实施的影响，则个体 i 属于实验组，对应的 du 取值为 1，若个体 i 不受政策实施的影响，则个体 i 属于控制组，对应的 du 取值为 0。dt 为政策实施虚拟变量，政策实施之前 dt 取值为 0，政策实施之后 dt 取值为 1。du×dt 为分组虚拟变量与政策实施虚拟变量的交互项，其系数就反映了政策实施的净效应。

下面将分别从横向与纵向差异来理解双单重差分原理。从横向差异直观理解第一重差分：实验组在事件发生的 2014 年前后的差异=$T_{after}-T_{before}$=实施新税法造成的差异（平均处理效应）+其他因素造成的实验组在 2014 年前后的差异。控制组在事件发生的 2014 年前后的差异=$C_{after}-C_{before}$=其他因素造成的控制组在 2014 年前后的差异。从横向差异直观理解第二重差分：实验组在事件发生的 2014 年前后的差异−控制组在事件发生的 2014 年前后的差异=$(T_{after}-T_{before})-(C_{after}-C_{before})$=平均处理效应[61]。

其中，差分求解需要满足平行趋势假设：其他因素造成的实验组在 2014 年前后的差异=其他因素造成的控制组在 2014 年前后的差异，即在不存在税改的情况下，控制组和实验组的平均业绩随时间变化的趋势是平行的。从纵向差异直观理解第一重差分：实验组和控制组在事件发生的 2014 年后的差异=$T_{after}-C_{after}$=实施新税法造成的差异（平均处理效应）+其他因素造成的实验组和控制组在 2014 年后的差异。实验组和控制组在事件发生的 2014 年前的差异=$T_{before}-C_{before}$=其他因素造成的实验组和控制组在 2014 年前的差异。从纵向差异直观理解第二重差分：实验组和控制组在事件发生的 2014 年后的差异−实验组和控制组在事件发生的 2014 年前的差异=$(T_{after}-C_{after})-(T_{before}-C_{before})$=平均处理效应。值得注意的是，此处用差分计算实验处理效果需要满足差异不变假设：其他因素造成的实验组和控制组在 2014 年后的差异=其他因素造成的实验组和控制组在 2014 年前的差异，即在不存在税改的情况下，控制组和实验组在 2014 年前后的差异是相同的。

在双重差分模型中，平行趋势假设和差异不变假设是一致的，图 8.3 展示了双重差分模型的图形解释。

基本双重差分回归模型可以表示为

$$Y_{it} = \beta_0 + \beta_1 Treat_i + \beta_2 After_t + \beta_3 Treat_i \times After_t + e_{it}$$

处理事件是外生的，意味着模型满足 $E(e_{it} \mid Treat_i, After_t) = 0$。

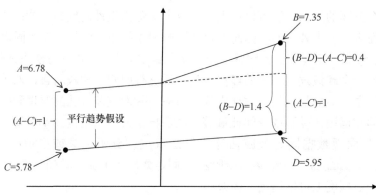

图 8.3 双重差分模型的图形解释

控制组在处理事件发生前 Y_{it} 的均值（C 点）：

$$E(Y_{it}|\text{Treat}_i = 0, \text{After}_t = 0) = \beta_0$$

控制组在处理事件发生后 Y_{it} 的均值（D 点）：

$$E(Y_{it}|\text{Treat}_i = 0, \text{After}_t = 1) = \beta_0 + \beta_2$$

控制组在处理事件发生前 Y_{it} 的均值（A 点）：

$$E(Y_{it}|\text{Treat}_i = 1, \text{After}_t = 0) = \beta_0 + \beta_1$$

控制组在处理事件发生后 Y_{it} 的均值（B 点）：

$$E(Y_{it}|\text{Treat}_i = 1, \text{After}_t = 1) = \beta_0 + \beta_1 + \beta_2 + \beta_3$$

基本双重差分法也是一种固定效应模型。如果有同一个个体在不同时间信息的面板数据，就可以使用个体和时间固定效应细化模型，提高模型精度，降低估计系数的方差[62]。

$$Y_{it} = \beta_3 \text{Treat}_i \times \text{After}_t + \alpha_i + \text{Year}_t + e_{it}$$

其中，α_i 为个体固定效应，而基本模型里的 β_0、β_1 为组固定效应。组固定效应是个体固定效应的平均值。Year_t 为每年的固定效应，β_2 为时期固定效应，是时期内每年固定效应的平均值。

平行趋势假设是使用双重差分估计平均处理效应的关键假设。平行趋势假设是指在没有处理事件的情况下，控制组和实验组的被解释变量的均值差异在不同时间内保持一致。除处理事件外的其他因素对实验组和控制组的影响是相同的。在进行差分比较前可以进一步分析实验组和控制组在事件发生前每年的差异，如果平行趋势假设成立，那么两组之间每年的差异应该没有显著区别。

即使如此，仍然存在政策干预时点之后实验组和控制组趋势的变化，这可能并不是真正由该政策导致的，而是同时期其他的政策导致的。这一问题可以概括为处理变量对产出变量作用机制的排他性，对此，可以进行如下的检验。

安慰剂检验，即如果发现事件对不该受到影响的变量或组有影响，说明事件包含了其他作用。例如，假设税改只对制造业有影响，对服务业无影响，对服务业的双重差分结果应为 0，如果不为 0，那么说明之前税改对制造业的影响效应受到了其他因素的干扰。可以利用不同的控制组进行回归，看研究结论是否依然一致。也可以选取一个完全不受政策干预影响的因素作为被解释变量进行回归，如果双重差分估计量的回归结果依然显著，说明原来的估计结果很有可能出现了偏误。

综上，双重差分模型能够得到越来越多的应用主要源于其以下优点：首先，使用双重差分方法能够在一定程度上避免内生性问题，也允许了不可观测因素的存在；其次，相比于其他政策效应评估工具，双重差分模型的设置本身更加科学；最后，双重差分模型操作简单，易于实现。但其也有不容忽视的局限性：双重差分模型对数据的要求更高，不仅要求面板数据，还需要是大样本数据；双重差分方法要求在实验变量变动之前，实验组与实验组结果变量的时间路径需要保持平衡，忽略了个体时点效应的影响，会引起系统性误差，同时，也忽略了环境对不同个体的影响。

8.6　案　　例

客户可以从企业购买的渠道的多样性不断扩大，产生了多渠道客户，即通过企业的多个渠道进行购买的客户。一个有趣的发现是：多渠道客户比非多渠道客户买得更多，也更有价值。这就建议企业采取多渠道客户战略，也就是说，开展能够产生更多的多渠道客户的营销活动。这将产生更高的平均收入并提高每个客户的利润，从而增加公司的整体利润。但是，多渠道客户战略是否可行呢？如果成功，是什么因素决定了它的成功？

为此，研究人员与欧洲一家主流多渠道图书零售商合作，进行实地实验。该公司通过商店、邮购、电话和互联网销售图书。每个渠道都有相同的分类和价格。该公司的运营模式是订阅式的。每个客户必须成为会员（即订户）才能购买。订阅要求客户每个季度至少购买一本书。该公司每年寄五次主要目录。它的其他营销活动都是围绕这两种模式进行管理的邮寄，如特别促销、价格变动等。

研究人员设计了四个测试活动。每个人都是通过一张显眼的卡片，在邮寄目录的几天前寄给指定的实验组，并在客户收到目录时附上一份提示。活动 A 使用多渠道信息和财务激励，称它为 MF。活动 B 使用多渠道信息，但没有财物激励，称之为 MNF。活动 C 使用价值主张信息和财务激励，将其称为 VPF。活动 D 使用价值主张信息，但没有财务激励，将此称为 VPNF。

选取了居住在至少一家商店服务区域内并在 2009 年（队列 1）或 2010 年（队列 2）收到最后一次邮寄目录后与公司签约的两组客户。将客户签约的时期作为获取期；后一阶段是收购后的阶段。队列 1 为控制组，队列 2 是实验组。

队列 2 的第一阶段开始，实验组的客户会在收到目录前 1—3 天收到上述卡片之一。控制组的客户没有收到任何卡片，除了目录。第二张卡片用同样的程序在第二阶段的开始发送给实验组的客户，第三次、第四次，以及第五次目录邮寄给实验组和控制组的所有客户的步骤如上。该公司记录了这五个时期所有客户的交易。

为了验证多渠道客户是否比非多渠道的客户更有利可图。此处用到了倾向得分匹配，将 TT 定义为在客户 i 是多渠道客户的条件下，其为多渠道客户的获利率与他不是多渠道客户的获利率之差，而后者本身就是一个反事实情况：

$$TT = E[(Profit_{1i} - Profit_{0i}) | Multichannel_i = 1]$$

对公式进行进一步变形可以得到

$$TT = E[(\text{Profit}_{1i} - \text{Profit}_{0i}) \mid \text{Multichannel}_i = 1]$$
$$= E[\text{Profit}_{1i} \mid \text{Multichannel}_i = 1] - E[\text{Profit}_{0i} \mid \text{Multichannel}_i = 1]$$

通过计算可以得到 $E[\text{Profit}_{1i} \mid \text{Multichannel}_i = 1] = 50.75 €$，$E[\text{Profit}_{0i} \mid \text{Multichannel}_i = 1] = 23.36 €$，故处理效应 TT=50.75€ −23.36€ =27.39€。也就是说，多渠道客户的平均消费能力比非多渠道客户高出 27.39€。由此证明了多渠道客户更加有价值。

8.7 随机实验在商务决策中的应用

随机实验在商务决策中应用广泛，主要包括以下几个方面。

（1）市场营销优化：企业可以通过对不同的广告投放策略、价格策略、产品促销活动等进行随机实验，评估各种营销方案的效果，从而优化营销决策。例如 A/B 测试就是一种常见的随机实验应用，通过对照实验评估两种不同的网页设计或广告创意，找出更优方案[63]。

（2）产品开发改进：企业可以利用随机实验来测试新产品的设计方案、功能特性等，收集用户反馈，不断优化产品。比如，通过对比不同版本的 APP 界面或交互方式，找出用户体验更好的方案。

（3）业务流程优化：企业可以对内部管理流程、客户服务流程等进行随机实验，评估各种改进方案的效果，提高业务效率。例如，通过实验比较不同的客户预约系统，找出等待时间更短的方案。

（4）风险管理决策：企业可以利用随机实验来评估各种风险管理措施的有效性，为相关决策提供依据。比如，对比不同的欺诈监测模型的检测准确率，优化风险控制策略。

总之，随机实验为企业的各种商务决策提供了有力支持，可以帮助企业摸清问题的根源，找到最优的解决方案。

8.8 随机实验在商务决策中的案例分析

下面以一个电商平台的产品优化为例，说明随机实验在商务决策中的应用。

某电商平台欲优化其 APP 的产品推荐功能，提升用户转化率。他们事先确定了实验目标：评估不同的推荐算法对用户点击率的影响。

在实验设计阶段，他们选择了完全随机设计，将用户随机分为 3 组，分别使用不同的推荐算法（A/B/C）。为了确保统计显著性，他们事先计算得出每组需要 200 名用户参与。

在为期一周的实验中，3 组用户的点击率分别为：A 组 18%、B 组 22%、C 组 24%。

随后，他们采用单因素方差分析检验了 3 组点击率的差异。结果显示，F 统计量为 9.35，p 值小于 0.01，说明 3 种推荐算法的点击率存在显著性差异。

进一步的事后检验发现，C 组与 A 组、B 组均存在显著差异，而 A 组和 B 组之间无显著差异。因此，该电商平台决定采用推荐算法 C，将其应用到实际的产品推荐中，预计将带来 10%左右的转化率提升。

通过本案例，可以看出随机实验为企业的产品优化决策提供了有力支持，可以帮助企业快速评估各种方案，找到最佳方案。

第9章 断点回归分析及其在商务中的应用

9.1 断点回归的概念

1960 年，Thistlethwaite（西斯尔思韦特）和 Campbell（坎贝尔）首次使用断点回归设计（regression discontinuity design，RDD）[64]来研究学生奖学金对他们未来学业成绩的影响。奖学金评估通常基于学生的历史表现。当学生的历史表现符合奖励标准时，可以获得奖学金资助，如果不符合奖励标准，将不会获得奖学金。成绩刚刚达到奖励标准的学生与成绩稍差的学生具有很好的可比性，因此奖学金评估中奖励标准形成的断点可以作为一个自然实验来识别奖学金对学生未来表现的因果影响。但是，它的应用场景在当时被认为是有限的，直到后来才被广泛使用，一些学者重新发掘了这种方法。例如，1999 年，Angrist（安格里斯特）和 Lavy（拉维）使用断点回归在一个以色列教育系统上研究班级的规模对学生成绩的影响：系统将班级人数的上限定为 40 名学生，一旦超过40 名学生（如 41 名学生），班级就会被分成二。值得一提的是，在 2001 年，Hahn（哈恩）等对断点回归方法的识别条件、估计方法和统计推论做了理论证明，使得断点回归在教育经济学、劳动经济学、政治经济学、区域经济学等领域得到了广泛应用，并已成为实证分析中非常流行的研究设计方法。

那么，断点回归和同样流行的研究设计方法双重差分有什么区别呢？双重差分方法通常用于比较两组之间存在显著差异的组，但这种差异随着时间的推移是恒定的。通过对比政策实施前后控制组和实验组的差异，体现政策的净效应。断点回归的方法是完全不同的想法，通常会选择其他具有相似或相同特征的组来比较它们在临界值上下的不同与差距，而断点回归需要的数据较少，主要考虑临界值附近的影响，而双重差分需要面板数据，但也更容易广泛使用。

断点回归法的基本思想是：一个原因变量或干预 D 完全由一个参考变量 X（运行变量）决定。还有前面提到的奖学金例子中，原因变量 D 为是否获得奖学金，参考变量为历史表现。断点处参考变量对原因变量的影响不同，导致原因变量的跳跃，就像历史成绩不低于奖励标准时可以获得奖学金一样，此时原因变量 $D=1$，当历史成绩低于标准时，就不会获得奖学金，此时 $D=0$。

根据处理断点处的个体的方式不同，将断点回归分为两类：精确断点回归（sharp regression discontinuity，SRD）和模糊断点回归（fuzzy regression discontinuity，FRD）[65]。精确断点回归是指因果变量完全由参考变量是否超过临界值来确定，$D = 1(X \geq \bar{x})$，其中 $1(\cdot)$ 为示性函数，表示是否满足条件与 0,1 二值函数的对应关系，条件满足则取 1，不满足取 0，$\bar{x}$ 为临界值，即当参考变量大于（或等于）临界值时，个体接受处理，$D = 1$；当参考变量小于临界值时，个体不会被处理，$D = 0$。以前面关于奖学金对成绩影响的研究为例，学生是否获得奖学金完全取决于参考变量——历史成绩。当因果变量不完全依赖于参考变量时，还有其他一些未观察到的因素可以影响因果变量，但在断点前后个体被处理的概率仍然不同。比如，奖学金的分配如果并不完全看成绩，也会参考学生的素质能力，但素质能力相对主观，不能很好度量。这个时候，可能有一些学生的成绩没有达到奖励标准，但是因为他们的素质能力好，获得了奖学金；相反，可能有一些学生的成绩超过了奖励标准，但素质能力相对欠缺，没有获得奖学金。但总的来说，学生在成绩超过奖励标准后获得奖学金的概率更高，这就是模糊断点回归。模糊断点回归主要的特征就是在断点 $x = \bar{x}$ 处，个体得到处理的概率从 a 跳跃到 b，其中 $0 < a < b < 1$。

9.2 实际案例

本节引入一个实例深入解释断点回归。例如，现在想要研究是否接受大学教育对当前工资收入的影响，假设是否接受大学教育完全取决于高考成绩 x_i 是否超过 500 分，即

$$D_i = \begin{cases} 1, & x_i \geqslant 500 \\ 0, & x_i < 500 \end{cases}$$

由于接受大学教育与否 D_i 是 x_i 的确定性函数，所以在 x_i 一定的情况下，可以把 D_i 视为常数，其与任何其他变量都不相关，因此 D_i 独立于不接受大学教育与接受大学教育这两种潜在结果，记为 (y_{0i}, y_{1i})，满足可忽略性假设。但由于并不满足重叠假设，从而没有办法选择倾向得分匹配法。意为对于处于实验组的个体，都有 $x_i \geqslant 500$；而所有在控制组的个体都满足 $x_i < 500$，两部分个体完全没有重合。

从函数表达式显然可以看出 $D_i(x_i)$ 存在断点：$x = 500$，因此可以认为成绩在 500 分左右的考生都是相似的，相关方面都不存在系统差异，如学习能力、智力等。而他们高考成绩的区别可以认为是运气带来的随机抽样结果，因此，可以对高考成绩在 500 分的小邻域的考生进行分组，即 $[500 - \varepsilon, 500 + \varepsilon]$ 之间的考生进行随机分组，因此为准实验。由于做了随机分组，因此可以一致地估计在 $x = 500$ 附近的局部平均处理效应（local average treatment effect，LATE），即

$$\begin{aligned} \text{LATE} &= E(y_{1i} - y_{0i} | x = 500) \\ &= E(y_{1i} | x = 500) - E(y_{0i} | x = 500) \\ &= \lim_{x \downarrow 500} E(y_{1i} | x) - \lim_{x \uparrow 500} E(y_{0i} | x) \end{aligned}$$

其中，$\lim\limits_{x \uparrow 500} E(y_{0i} | x)$ 和 $\lim\limits_{x \downarrow 500} E(y_{1i} | x)$ 分别为从 500 的左边和右边取极限，即左极限和右极限。若两个极限存在，且 LATE $\neq 0$，表明个体分配概率在临界值左右有跳跃，存在断点。个体的干预状态 D_i 与断点的规律为在断点右边的个体进入实验组，左边的个体进入控制组，模糊断点回归的情形中，要求断点右侧个体都进入实验组的概率高于断点左侧的个体。

从上述实例可以推出断点回归的一般公式，通常来说，假设断点为某常数 c，而分

组规则为

$$D_i = \begin{cases} 1, & x_i \geq c \\ 0, & x_i \leq c \end{cases}$$

假设结果变量 y_i 与 x_i 之间存在如下线性关系：

$$y_i = \alpha + \beta x_i + \varepsilon_i \ (i = 1, \ldots, n)$$

假设此处是一个正的处理效应，那么 y_i 与 x_i 之间的线性回归后的结果，在 $x = c$ 处会存在一个向上跳跃的断点。

在 $x = c$ 附近，个体都是相似的，相关方面都不存在系统差异，所以只能是 D_i 的处理效应导致条件期望函数在此处跳跃。为了描述并且对这种效应进行估计，原方程写为

$$y_i = \alpha + \beta(x_i - c) + \delta D_i + \gamma(x_i - c)D_i + \varepsilon_i \ (i = 1, \cdots, n)$$

可能有些读者对变量 $(x_i - c)$ 有疑问，简单来说其为 x_i 关于断点 c 的标准化，使得变量 $(x_i - c)$ 的断点为 0；而引入交叉项 $\gamma(x_i - c)D_i$，带来了断点两侧不同的斜率，对此方程进行 OLS 回归，就能求出 $x = c$ 的局部平均处理效应。因为该回归中存在之前描述的断点，因而称为断点回归。由于断点附近的个体都进行了随机分组，故断点回归常被认为是内部有效性比较强的一种准实验。断点回归又可以理解为"局部随机实验"（local randomized experiment）；可以通过考察协变量在断点两侧的分布是否有差异来检验其随机性，但需要注意的是，断点回归仅仅推断了在断点处附近样本的因果关系，该因果关系无法推广到其他样本，因而外部有效性受限[66]。

9.3　精确断点回归

在精确断点回归的情形下，参考变量完全决定了干预分配，从而一旦控制 X，D 也就不再具有变动性了，将独立于任何随机变量，也独立于潜在结果。精确断点回归就是利用个体在断点处如果不能精确控制参考变量，在断点附近近似于完全随机化的实验，在断点附近两边的个体各种其他特征非常相似时，可以利用两边个体结果的差异来估计干预的因果效应。

9.4　模糊断点回归

区别于精确断点回归，模糊断点回归的特征是，在断点 $x = c$ 处，个体得到处理的概率从 a 跳跃到 b，其中 $0 < a < b < 1$，即使 $x > c$，也不一定得到处理，即个体是否得到处理并没有精确的断点，但是个体得到处理的概率，会在断点处不连续的跳跃。在模糊断点中，处理变量 D_i 不完全由分组变量 x 所决定，一般来说，影响处理变量 x 的其他相关因素也会对结果变量 y 产生影响，从而使得在回归方程中处理变量与扰动项相关，故 OLS 不一致。

与精确断点回归不同的地方在于，模糊断点回归的断点两边的个体与实际接受的干

预状态并不一致，即在断点左边的个体可能接受干预，断点右侧的个体不一定接受干预。简单来说，在奖学金的例子中，假设断点右边个体接受干预的可能性更大，分数超过临界点则获得奖学金的可能性更高。但是，获得奖学金的个体和没有获得奖学金的个体即使在断点附近也可能不可比，如获得了奖学金的个体很多可能在平时的表现上获得了加分，而未获得奖学金的学生在平时表现上可能会差一些。但是对于断点附近的群体，他们以往成绩是否超过断点，即变量 T，会对于最终是否获得奖学金（D）有着重要的影响，或许是密切相关，但由于 T 在断点附近近似于随机分配，从而使得 T 成了是否获得奖学金的一个重要工具变量，之后可以帮助识别出是否获得奖学金对未来学业成绩的影响。

在模糊断点的情况下识别平均处理效应需要引入以下条件独立假定。

假定：给定 x，则 $(y_1 - y_0)$ 独立于 D，即 $(y_{1i} - y_{0i})$ 独立于 $D_i | x_i$。

由于 $y = y_0 + D(y_1 - y_0)$，故

$$E(y|x) = E(y_0|x) + E[D(y_1 - y_0)|x]$$
$$= E(y_0|x) + E(D|x) \times E[(y_1 - y_0)|x]$$

其中，$E[(y_1 - y_0)|x]$ 为平均处理效应；$E(D|x)$ 为倾向得分。通过计算断点左右极限来得到局部平均处理效应。

取右极限：

$$\lim_{x \downarrow c} E(y|x) = \lim_{x \downarrow c} E(y_0|x) + \lim_{x \downarrow c} E(D|x) \times \lim_{x \downarrow c} E[(y_1 - y_0|x)]$$

取左极限：

$$\lim_{x \uparrow c} E(y|x) = \lim_{x \uparrow c} E(y_0|x) + \lim_{x \uparrow c} E(D|x) \times \lim_{x \uparrow c} E[(y_1 - y_0|x)]$$

得到局部平均处理效应：

$$\text{LATE} = \frac{\lim_{x \downarrow c} E(y|x) - \lim_{x \uparrow c} E(y|x)}{\lim_{x \downarrow c} E(D|x) - \lim_{x \uparrow c} E(D|x)}$$

现在我们可以观察到，如图 9.1 所示，在模糊断点回归中，上式的分子就是精确断点回归的局部平均处理效应，其分母则是倾向得分（即得到处理的概率）在断点 c 处的跳跃($b-a$)。因此此式为精确断点回归的推广，在精确断点回归的情况下，$b-a=1$。

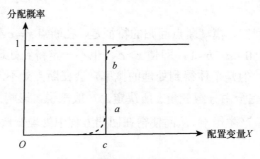

图 9.1 模糊断点回归示意图

9.5　断点回归的假设

之前提到，个体分配概率在临界值左右有跳跃，存在断点。则假设极限存在：

$$p^+ = \lim_{x \to x_0^+} E[D_i \mid X_i = x], \quad p^- = \lim_{x \to x_0^-} E[D_i \mid X_i = x]$$

其中，$p^+ \neq p^-$，$D_i = D(T_i, \varepsilon)$，$T_i = 1(X_i \geq x_0)$，如果是精确断点，则 $D_i = T_i$；$p(x) = E[D_i \mid X_i = x] = \Pr[D_i = 1 \mid X_i = x]$ 为倾向指数，表示参考变量为 x 的个体进入实验组的概率，对精确断点而言，$p^+ = 1$，$p^- = 0$，即断点左侧的个体进入控制组，断点右侧的个体进入实验组，这就是断点假设。

如果是模糊断点，则存在着不完全依从的现象，与精确断点相悖的是，$D_i \neq T_i$，这时要求断点左右的干预分配概率存在间断，比如要求断点右侧的个体接受干预的概率高于断点左侧的概率。

前文提到的条件期望函数也是连续的，即连续性假设：$E[Y_{0i} \mid X_i = x]$、$E[Y_{1i} \mid X_i = x]$ 是 x 的函数，并且在断点 x_0 处是连续的，即

$$\lim_{\varepsilon \to 0} E\left[Y_{ji} \mid X_i = x_0 + \varepsilon\right] = \lim_{\varepsilon \to 0} E\left[Y_{ji} \mid X_i = x_0 - \varepsilon\right], \quad j = 0, 1$$

如果注意实验组的平均处理效应，那么只需要 $E[Y_{0i} \mid X_i = x]$ 在断点处连续。一般假设两个潜在结果的条件期望函数都是连续函数，而且一般在应用中通常假设在所有点上连续[67]。

断点回归需要保证在断点附近取到的样本，其他各种特征都是基本相似的，因此需要满足局部随机化假设，该假设要求个体不能精确控制或操纵参考变量使之超过临界值，用奖学金的例子解释为：学生通常对学习成绩具有一定的控制能力，学生知道未来奖学金会根据学习成绩进行分配，从而努力学习以超过分数线。值得注意的是，如果成绩距断点很远时，成绩很好或成绩很差的学生之间存在很大的差异。但是在断点附近，成绩是否能够超过分数线就可能存在运气的成分。比分数线高 1 分和低于分数线 1 分的学生学习能力、智力等特征可能非常相似，差异会是偶然的成分或者运气的原因带来的，但高 1 分可以拿到奖学金，低 1 分就无法拿到奖学金，那么可以认为学生不能精确地控制成绩，则断点附近的学生干预状态的分配就近似于完全随机实验得到的结果。[1]

如果个体可以精确地控制参考变量，如学生可以通过一些方式修改自己的成绩，这样带来的结果就会是断点两边的学生可能存在较大的差异，那么局部随机化假设不再满足，从而断点回归失效，因此局部随机化假设十分重要。

但在一些情形中，存在个人根据预期收益进行的自选择问题，局部随机化假设可能不成立，而在模糊断点情形中更为明显，断点可以激励一部分个体进入实验组，但由于其他未观测到的因素的影响，或者一些个体出于自身原因，即使参考变量超过断点，也可能选择不接受干预。与之相反的情形是，一些个体虽然在断点左侧，但仍然可以通过激励选择进入实验组，这样带来的结果是，可能没办法保证断点附近干预分配独立于潜

在结果，个体有可能根据潜在的预期收益决定是否接受断点给予的激励，这种可能的自选择行为使得断点左右的个体不再具有可比性，从而局部随机化假设不成立。精确断点情形中，若个体不能精确控制参考变量，则局部随机化假设满足。而在模糊断点情形中，局部随机化假设往往不能满足，则引入独立性假设来代替局部随机化假设。

定义 $D_i(x)$ 表示参考变量为 x 个体的干预状态，$D_{1i}(x)=D_i(x),x\geqslant x_0$，表示参考变量在断点右侧时个体 i 的参与状况。类似的定义，$D_{0i}(x)=D_i(x),x<x_0$，表示参考变量在断点左侧时个体的参与状态，因此有

$$D_i=\begin{cases}D_{1i}(x),&x\geqslant x_0\\D_{0i}(x),&x<x_0\end{cases}$$

独立性假设指假设潜在结果 Y_{1i}、Y_{0i}、$D_{1i}(x)$、$D_{0i}(x)$ 在断点附近独立于参考变量 X。该假设要求断点独立于所有潜在结果，而且断点本身不会受到潜在结果或个人选择的影响，断点是外生的，所有的潜在结果独立于断点的分配，则其分配近似于完全随机化实验。

9.6　断点回归案例

本章案例选择了 2017 年发表于 *American Economic Review* 上的文章——"Clicking on heaven's door: the effect of immigrant legalization on crime"。这篇论文的研究问题为：移民获得合法身份后的犯罪是否会减少。

其中，自变量为是否获得合法身份，因变量是移民申请人在申请合法身份后的第一年（2008 年）是否有犯罪记录。这里的选择偏差是合法身份不是随机分配给移民申请人的。那些预计犯罪率较低的移民更有可能（有雇主帮助申请）和动机（花费更多时间和精力准备申请）申请合法身份，直接比较两组群体的犯罪率会高估合法身份的作用。为了克服这种选择偏差，Pinotti（皮诺蒂）利用意大利的移民身份申请政策，巧妙地通过断点回归设计来估计移民合法身份对犯罪率的影响。

首先，意大利的移民政策是先到先得的，即移民系统开通后，申请时间越晚，中签率越低。Pinotti 发现申请提交时间是定时的，上面有一个断点。当申请人晚于这个断点提交申请时，会导致中签率的跳跃式下滑，但不会完全为零，所以 Pinotti 找到了一个模糊断点的场景。接受申请的比例在最初非常高，因为只有欺诈或不完整的申请被拒绝，当分配给该组的全部配额用完时，该比例降至零，即在半小时后通过申请的比例明显降低。可以看出在是否通过移民申请时，存在一个断点，在申请递交时间上存在一个明显的模糊断点，即当申请者晚于这个时间提交申请书时，中签率跳跃式下滑，但并不为 0。这种断点产生的原因是在断点附近，提交申请的数量已经达到总合法身份名额的总量，在断点之后提交的申请者获得合法移民身份的概率将取决于断点之前提交申请的申请者的材料完整性。因此，在断点之前和之后，申请者获得合法移民身份的概率产生了非连续性的下跌。

其次，断点回归的思想是获得合法身份概率的不连续变化会对因变量（犯罪率）也产生不连续的影响。那么在断点两边提交材料的申请者在之后一年的犯罪率应该也存在

断点。Pinotti 发现因变量在断点附近确实存在不连续的变化，这也证实了断点回归可以应用在这一场景中。

再次，Pinotti 使用两阶段最小二乘法来估计这一模糊断点的因果效应。结果显示合法移民身份确实有助于降低犯罪率。而这一结果成立背后的假设是断点两端除了获得合法移民的概率是不连续的之外，其他所有的协变量都应该保证是连续的。

最后，Pinotti 通过对年龄、来源国、来源国收入水平等维度进行分析，证明了断点两端无显著的差异性。之后 Pinotti 又进行了一系列稳健性检验与安慰剂检验，证实了结论的可靠性。

需要强调的是，该断点回归设计通过移民材料申请提交的时间作为配置变量。这么设计的好处就是在断点时间附近提交材料的申请者在学历、收入、种族，以及性别上并无显著差异。那么，影响他们提交时间落在断点两边是随机因素导致的，如鼠标点击快慢和网络速度等。因此，我们可以认为落在断点两边的申请者是相似的，且获得合法移民身份是随机的。断点回归设计通过这种方式构造了类似随机实验的效果。

9.7　断点回归分析在商务决策中的具体应用

在商务决策中，断点回归分析可以帮助企业识别关键的转折点，从而调整营销策略、定价策略或其他业务决策[68]。以下是一个具体的应用示例。

一家零售商希望确定某种商品的最佳定价策略。他们收集了过去一年中该商品的销售数据，包括价格和销量。数据如表 9.1 所示。

表 9.1　商品的价格和销量关系

价格/美元	销量/件
9.99	1200
8.99	1500
7.99	2100
6.99	2800
5.99	3200
4.99	3400
3.99	3100
2.99	2600

可以使用断点回归模型来分析价格与销量之间的关系是否存在断点。

断点回归模型可以表示为

$$y = \beta_0 + \beta_1 x + \beta_2 (x - \delta) + \varepsilon, \quad x > \delta$$
$$y = \beta_0 + \beta_1 x + \varepsilon, \quad x < \delta$$

其中，y 为因变量（销量）；x 为自变量（价格）；δ 为断点；β_0、β_1、β_2 为回归系数；ε 为随机误差项。

可以使用最小二乘法来估计回归系数和断点。目标是最小化残差平方和：

$$RSS = \sum (y - \hat{y})^2$$

其中，$\hat{y}$ 为根据模型预测的值。

使用统计软件（如 R 或 Python）进行断点回归分析，我们得到以下结果：断点 δ =5.49 美元。当价格＞5.49 美元时：销量=5839.6−727.2×价格+273.6×（价格−5.49）。当价格≤5.49 美元时：销量=5839.6−727.2×价格。根据这些结果，我们可以发现：在价格高于 5.49 美元时，每降低 1 美元，销量将增加 1000.8 件（即 727.2+273.6）。但当价格低于 5.49 美元时，每降低 1 美元，销量只会增加 727.2 件。

因此，零售商可以考虑将价格定在 5.49 美元左右，以最大化利润。当然，在做出最终决策时，还需要考虑其他因素，如成本、竞争对手的定价策略等。

通过这个例子，我们可以看到断点回归分析是如何帮助企业发现关键的转折点，并根据这些发现调整商业策略的。

9.8 总　结

断点回归设计与完全随机化实验类似，具有很强的内部有效性，估计结果往往具有很强的可信性。但是其得到的估计也往往只是在断点处的平均处理效应，不能简单地推广到其他位置，外部有效性较弱，这也是断点回归的一个主要局限性。因此如果着重研究断点处的因果效应，断点回归是非常好的工具，但是如果关注断点之外的因果关系，需要引入一定的假设。

参 考 文 献

[1] 李欣, 李微巍. 浅析"大数据"时代的计算机信息处理技术[J]. 中国管理信息化, 2018, 21(17): 185-186.

[2] 黄庆生. 网络存储技术分析[J]. 数字技术与应用, 2012(11): 221.

[3] Sugiyama M. Introduction to Statistical Machine Learning[M]. San Francisco: Morgan Kaufmann, 2015: 134-187.

[4] Neeley T, Leonardi P. Developing a digital mindset: how to lead your organization into the age of data, algorithms, and AI[J]. Harvard Business Review, 2022, 100(3): 50-55.

[5] Hedgebeth D. Data-driven decision making for the enterprise: an overview of business intelligence applications[J]. Vine, 2007, 37(4): 414-420.

[6] Mannila H. Data mining: machine learning, statistics, and databases[C]//Proceedings of 8th International Conference on Scientific and Statistical Data Base Management. Stockholm: IEEE, 1996: 2-9.

[7] Arulkumaran K, Deisenroth M P, Brundage M, et al. Deep reinforcement learning: a brief survey[J]. IEEE Signal Processing Magazine, 2017, 34(6): 26-38.

[8] 明日科技, 李磊, 陈风. Python 网络爬虫从入门到实践[M]. 长春: 吉林大学出版社, 2020: 176-180.

[9] 瑞安·米切尔. Python 网络爬虫权威指南[M]. 2 版. 神烦小宝, 译. 北京: 人民邮电出版社, 2019: 243-245.

[10] 罗刚, 王振东. 自己动手写网络爬虫[M]. 北京: 清华大学出版社, 2010: 128-130.

[11] 张京保. 数据的备份与灾难恢复[J]. 数字技术与应用, 2014(2): 69-70.

[12] 王晴. 数据中心存储技术研究综述[J]. 信息与电脑(理论版), 2019(4): 190-191.

[13] 贾亚茹, 刘向阳, 刘胜利. 去中心化的安全分布式存储系统[J]. 计算机工程, 2012, 38(3): 126-129.

[14] 姬晓涛, 刘建华. 基于 CAP 理论的区块链共识机制的分析[J]. 计算机与数字工程, 2020, 48(12): 3008-3011, 3026.

[15] 李颜平, 吴刚. 基于典型数据集的数据预处理方法对比分析[J]. 沈阳工业大学学报, 2022(2): 185-192.

[16] 林予松, 王培培, 刘炜, 等. 医疗体检数据预处理方法研究[J]. 计算机应用研究, 2017(4): 1089-1092.

[17] 尹涛, 关兴中, 万定生. 数据挖掘技术在水文数据分析中的应用[J]. 计算机工程与设计, 2012(12): 4721-4725.

[18] 游欣, 罗念龙, 王映雪. 教学决策支持系统中数据预处理的方法研究[J]. 计算机工程与设计, 2007(16): 3985-3988, 3993.

[19] 刘景美, 高源伯. 自适应分箱特征选择的快速网络入侵检测系统[J]. 西安电子科技大学学报, 2021(1): 176-182.

[20] Sutton R S, Barto A G. Reinforcement Learning: An Introduction[M]. 2nd ed. Bradford: Bradford Books, 2018: 65-79.

[21] Zhu X J. Semi-supervised learning literature survey[R]. University of Wisconsin-Madison Department of Computer Sciences, 2005.

[22] Harrington P. Machine Learning in Action[M]. Shelter Island: Manning, 2012: 55-90.

[23] Seber G A F, Lee A J. Linear Regression Analysis[M]. Hoboken: John Wiley & Sons, 2012: 121-189.

[24] Knerr S, Personnaz L, Dreyfus G. Single-layer learning revisited: a stepwise procedure for building and training a neural network[C]//Soulié F F, Hérault J. Neurocomputing. Heidelberg: Springer, 1990: 41-50.

[25] Han J, Moraga C. The influence of the sigmoid function parameters on the speed of backpropagation learning[C]//Mira J, Sandoval F. From Natural to Artificial Neural Computation. Heidelberg: Springer,

1995: 195-201.

[26] Miljković D, Gajić L, Kovačević A, et al. The use of data mining for basketball matches outcomes prediction[C]//IEEE 8th International Symposium on Intelligent Systems and Informatics. Subotica: IEEE, 2010: 309-312.

[27] Thabtah F, Zhang L, Abdelhamid N. NBA game result prediction using feature analysis and machine learning[J]. Annals of Data Science, 2019, 6(1): 103-116.

[28] Noble W S. What is a support vector machine?[J]. Nature Biotechnology, 2006, 24(12): 1565-1567.

[29] Cristianini N, Shawe-Taylor J. An Introduction to Support Vector Machines and Other Kernel-based Learning Methods[M]. Cambridge: Cambridge University Press, 2000: 123-189.

[30] Safavian S R, Landgrebe D. A survey of decision tree classifier methodology[J]. IEEE Transactions on Systems, Man, and Cybernetics, 1991, 21(3): 660-674.

[31] Biau G, Scornet E. A random forest guided tour[J]. TEST, 2016, 25(2): 197-227.

[32] Zhang S, Tong H H, Xu J J, et al. Graph convolutional networks: a comprehensive review[J]. Computational Social Networks, 2019, 6(1): 11.

[33] Veličković P, Cucurull G, Casanova A, et al. Graph attention networks[EB/OL]. http://arxiv.org/abs/1710.10903[2024-12-10].

[34] Rodriguez J D, Perez A, Lozano J A. Sensitivity analysis of k-fold cross validation in prediction error estimation[J]. IEEE Transactions on Pattern Analysis and Machine Intelligence, 2010, 32(3): 569-575.

[35] Varoquaux G, Buitinck L, Louppe G, et al. Scikit-learn: machine learning without learning the machinery[J]. GetMobile: Mobile Computing and Communications, 2015, 19(1): 29-33.

[36] Paszke A, Gross S, Massa F, et al. PyTorch: an imperative style, high-performance deep learning library[EB/OL]. https://arxiv.org/abs/1912.01703[2024-12-10].

[37] 盛昭瀚, 朱乔, 吴广谋. DEA 理论、方法与应用[M]. 北京: 科学出版社, 1996: 55-78.

[38] Emrouznejad A, Anouze A L, Thanassoulis E. A semi-oriented radial measure for measuring the efficiency of decision making units with negative data, using DEA[J]. European Journal of Operational Research, 2010, 200(1): 297-304.

[39] 成刚. 数据包络分析方法与 MaxDEA 软件[M]. 北京: 知识产权出版社, 2014: 136-187.

[40] 杨敏. 基于 DEA 理论的固定产出 DMU 评价与满意度分摊方法研究[D]. 合肥: 中国科学技术大学, 2014: 83-130.

[41] 李双杰, 范超. 随机前沿分析与数据包络分析方法的评析与比较[J]. 统计与决策, 2009(7): 25-28.

[42] Banker R D, Charnes A, Cooper W W. Some models for estimating technical and scale inefficiencies in data envelopment analysis[J]. Management Science, 1984, 30(9): 1078-1092.

[43] Tone K. A slacks-based measure of efficiency in data envelopment analysis[J]. European Journal of Operational Research, 2001, 130: 498-509.

[44] Li Y J, Wang L Z, Li F. A data-driven prediction approach for sports team performance and its application to National Basketball Association[J]. Omega, 2021, 98: 102123.

[45] Charnes A, Cooper W W, Rhodes E. Measuring the efficiency of decision making units[J]. European Journal of Operational Research, 1978, 2(6): 429-444.

[46] Debreu G. The coefficient of resource utilization[J]. The Econometric Society, 1951, 19(3): 273-292.

[47] Farrell M J. The measurement of productive efficiency[J]. Journal of the Royal Statistical Society. Series A (General), 1957, 120: 253-290.

[48] 杨学儒, 董保宝, 叶文平. 管理学研究方法与论文写作[M]. 北京: 机械工业出版社, 2019: 234-235.

[49] 赵思林. 数学教学研究案例[M]. 北京: 科学出版社, 2017: 78-82.

[50] 黄晓钟, 杨效宏, 冯钢. 传播学关键术语释读[M]. 成都: 四川大学出版社, 2005: 99-120.

[51] Thyer B A. Quasi-Experimental Research Designs[M]. Oxford: Oxford University Press, 2012.

[52] 李稷, 张沛, 张中华. 从"经济人"到"社会人": 行为经济学兴起对我国城市规划的影响[J]. 城市发展研究, 2019, 26(4): 31-36, 62.

[53] 仝允桓. 管理研究方法论[EB/OL]. https://wenku.baidu.com/view/d02c6d7129160b4e767f5acfa1c7aa

00b52a9de1.html[2022-07-29].

[54] 刘亚欣. 基于入学机会、财政经费与收入回报的我国高等教育公平研究[D]. 昆明: 昆明理工大学, 2017: 2-5.

[55] 陈诗一, 陈登科. 计量经济学[M]. 北京: 高等教育出版社, 2019: 156-178.

[56] 李佳彧. 涨跌幅对中国创业板某类公司股票的影响计量量化研究[D]. 哈尔滨: 哈尔滨工业大学, 2021: 167-196.

[57] 倾向值匹配法 (PSM)[EB/OL]. https://wenku.baidu.com/view/3bdc5842ac1ffc4ffe4733687e21af45b 207fe5f.html[2022-07-29].

[58] 陈强. 高级计量经济学及 Stata 应用[M]. 2 版. 北京: 高等教育出版社, 2014: 26-50.

[59] Fredriksson A, de Oliveira G M. Impact evaluation using difference-in-differences[J]. RAUSP Management Journal, 2019, 54: 519-532.

[60] 《因果推断实用计量方法》大学教学课件 第 9 章 双重差分法[EB/OL]. https://max.book118. com/html/2021/0430/7160045025003121.shtm[2022-07-29].

[61] 冯玉静, 翟亮亮. 产业政策、创新与制造企业服务化: 基于 "中国制造 2025" 准自然实验的经验研究[J]. 科技进步与对策, 2022, 39(13): 114-123.

[62] 二重差分法深度分析 (DID), 三重差分兼论 [EB/OL]. https://wenku.baidu.com/view/edd37a0029 f90242a8956bec0975f46526d3a75a.html[2022-07-29].

[63] Thistlethwaite D L, Campbell D T. Regression-discontinuity analysis: an alternative to the ex post facto experiment[J]. Journal of Educational Psychology, 1960, 51(6): 309-317.

[64] Lee D S, Lemieux T. Regression discontinuity designs in economics[J]. Journal of Economic Literature, 2010, 48(2): 281-355.

[65] Imbens G W, Lemieux T. Regression discontinuity designs: a guide to practice[J]. Journal of Econometrics, 2008, 142(2): 615-635.

[66] Berk R A, de Leeuw J. An evaluation of California's inmate classification system using a generalized regression discontinuity design[J]. Journal of the American Statistical Association, 1999, 94(448): 1045-1052.

[67] Angrist J D, Lavy V. Using Maimonides' rule to estimate the effect of class size on scholastic achievement[J]. The Quarterly Journal of Economics, 1999, 114(2): 533-575.

[68] Chay K Y, Greenstone M. Does air quality matter? Evidence from the housing market[J]. Journal of Political Economy, 2005, 113(2): 376-424.